Fichue thyroïde !

Sylvie GRIGNON

Vivre avec une
maladie thyroïdienne.

À tous les malades atteints d'un problème de thyroïde,
À tous leurs proches qui ne comprennent pas,
À tous les médecins qui ne veulent pas comprendre.

On ne choisit pas son destin ni ce qui va nous arriver. Parfois, tous nos espoirs s'envolent. Il suffit d'une seconde, un verdict.

Ce livre est un recueil, sans aucune prétention médicale, destiné à secouer les mentalités.

Trop de malades atteints d'un dérèglement thyroïdien ne sont pas entendus, beaucoup de personnes sont mal diagnostiquées. Suite à ce triste constat, j'ai publié en 2015, un essai pour faire connaître la maladie auto-immune d'Hashimoto : *Hashimoto, mon amour* puis ce livre n'ayant plus d'éditeur, je l'ai publié de nouveau sous le titre *Maladies Thyroïdiennes dévoreuses de vie* en 2017. Cette seconde édition ayant disparu également, je me dois de publier de nouveau ce recueil à partir du texte d'origine, mise à jour, ainsi que d'articles issus de mon blog *rougepolar* avec de nouveaux témoignages. Ni l'association *L'envol du papillon*, ni moi-même ne seront tenus responsables des affirmations glissées dans les témoignages. Nous sommes juste des Passeurs de mémoire, afin que les erreurs d'hier ne se reproduisent pas.

Vivre avec un problème de thyroïde n'est jamais facile même si les médecins ou vos collègues vous disent que ce n'est que passager. Actuellement, les statistiques montrent une augmentation sensible de ces dysfonctionnements. De nombreuses maladies auto-immunes sont diagnostiquées, de nombreux symptômes sont ressentis. Et pourtant, cette maladie n'est toujours pas officiellement reconnue comme pathologie. Dernièrement, une personne atteinte de la maladie d'Hashimoto me disait qu'une reconnaissance la montrerait comme « une vraie malade ». J'ai été soufflée et suis restée sans voix ! Si on a une thyroïde qui débloque, c'est que l'on est vraiment malade, ce qui ne veut pas dire que l'on doit se comporter comme quelqu'un qui n'a plus foi en la vie. Demander une reconnaissance, ce n'est pas se poser en victime, c'est simplement faire accepter un fait : ces dysfonctionnements thyroïdiens s'avèrent un véritable handicap. Il faut cesser de se voiler la face ! Le diabète, des maladies orphelines, même la Fibromyalgie, toutes ces maladies sont reconnues, mais pas la nôtre ? Pourquoi dérange-t-elle ?

C'est pour cela que je me bats dans l'ombre au côté de *l'envol du papillon* depuis des années, afin de faire connaître cette pathologie.

La maladie d'Hashimoto

Je commence par elle, car je suis atteinte de la maladie auto-immune appelée « thyroïdite de Hashimoto », une maladie invisible, qui ne se voit pas, mais qui s'avère lourde à porter. Au fil des témoignages et des retours que vous pourrez lire, j'ai constaté que tout dysfonctionnement thyroïdien est pesant, que ce soit une hypothyroïdie, une hyperthyroïdie, associées ou non à une maladie auto-immune, un cancer, un problème de thyroïde de naissance ou des nodules. Beaucoup de symptômes se recoupent, avec pour tous, peu de compréhension « des autres ».

Je vais débuter ce nouveau recueil par un texte écrit sur mon blog en 2014. Je ne suis qu'une plume, rien d'autre qu'un messager. Je ne recherche aucune reconnaissance, j'ai passé l'âge de la gloire, mais je me bats pour mes convictions, pour une cause juste, celle d'une reconnaissance pour les générations futures.

Parce que c'est important. Parce que le nombre de malades augmente chaque mois. Parce que cette glande est tellement fragile, qu'un rien peut la dérégler.

« Je suis une maladie auto-immune invisible, j'attaque ta thyroïde pour te causer de l'hypothyroïdie. Je suis maintenant scotchée à toi pour toute ta vie. Je suis si sournoise que je ne me montre pas toujours dans ton analyse de sang. Les autres autour de toi ne peuvent pas me voir ou m'entendre, mais TON corps, TON organisme me sentent. Je peux t' attaquer n'importe où et de n'importe quelle façon. Je peux te causer des douleurs intenses ou si je suis de bonne humeur, je peux juste faire en sorte que tu aies mal partout.

Souviens-toi quand tu étais pleine d'énergie, que tu courais et dont tu t'amusais ?

Je t'ai pris cette énergie et je t'ai donné l'épuisement : essaie de t'amuser maintenant. Je peux prendre ton bon sommeil et à sa place, te donner le brouillard cérébral et le manque de concentration. Tu vas perdre tes mots. Tu auras l'impression d'avoir quatre-vingts ans. Je peux faire tomber tes cheveux par poignées, les faire devenir secs et fragiles, causer de l'acné, causer de la peau sèche, des problèmes de cicatrisation. Je peux te faire prendre du poids et peu importe ce que tu mangeras ou combien de sports et d'exercices tu feras, je peux garder ce poids indéfiniment avec ou sans régime.

Certaines de mes autres amies maladies auto-immunes me rejoignent souvent, te donnant bien plus à traiter : lupus, maladie coeliaque, polyarthrite, sclérose en plaques, zona.

Si tu souhaites planifier quelque chose ou si tu attends avec impatience un grand jour, je peux l'emporter sur toi. Je suis la plus forte. J'ai toujours le dernier mot.
Tu ne m'as pas demandé : je t'ai choisie pour des raisons diverses. Je prospère sur le stress. C'est mon terrain préféré.
Si tu as la chance d'être diagnostiquée dès la chute, tu es une privilégiée sinon tu iras de médecin en médecin. baisse de libido et j'en passe…Tu peux toujours soigner ta thyroïde, mais moi je ne partirai jamais. Je suis maintenant une partie de toi. Je t'accompagnerais jusqu'à la fin de ta vie.
 Certains te traiteront pour dépression, d'autres pour anxiété au final, c'est juste moi qui tire les ficelles.
Tension ? C'est moi …
Cholestérol ? C'est encore moi …
Problème cardiaque ? C'est peut-être bien moi …
Essoufflement ? Probablement moi.
Enzymes de foie élevées ? Certainement moi.
Dents qui tombent et problèmes de gencives ? Acouphènes ? Migraines ? C'est peut-être

encore moi, je te l'avais dit, la liste était INFINIE.

On te dira de penser positivement, tu seras poussée, poussée et SURTOUT, jamais prise au sérieux quand tu essaieras d'expliquer au nombre infini de docteurs que tu as des symptômes qui te pourrissent la vie. Ta famille, tes amis et tes collègues, aucun ne t'écoutera. Ils s'en moquent. Ce n'est pas mortel. Certains d'entre eux diront des choses comme « Oh, tu es juste dans un mauvais jour » ou « C'est normal, tu ne peux pas faire les choses que tu faisais quand tu avais 20 ans, c'est l'âge » ou « Lève-toi, bouge, sors dehors ! »

Ils ne comprendront pas que j'emporte l'essence de ton énergie, que j'ai tout pouvoir sur ton corps, ton organisme et ton esprit pour TE PERMETTRE de faire ces choses.

Perte de mémoire, étourderies, étourdissements, vertiges, frilosité, crise de nerfs, irritabilité, envie de dormir, infections urinaires.

Je suis tout ça et bien plus encore.

Je suis la Maladie d'Hashimoto. »

Dans un second écrit que j'ai écrit quelques mois plus tard, en colère contre cette

pathologie. Car il faut le dire aux malades.
Ils ont le droit d'être en colère.

« On ne tombe pas malade par hasard tout
comme on ne tombe pas amoureux par
hasard. Je t'ai rencontré par hasard un soir
d'automne. Toi, maladie que je maudis, tu
m'as chuchoté à l'oreille.
Je suis une maladie auto-immune invisible,
j'attaque ta thyroïde pour te pourrir la vie.Je
suis maintenant scotchée à toi pour toujours.
J'arrive souvent sur la pointe des pieds,
sournoisement, et on tarde à me reconnaître,
car les analyses ne révèlent pas toujours ma
présence. Je vais te plonger dans un puits
sans fond que toi seul connaitras, les autres
ne pourront te voir, mais toi, tu me sentiras
dans ton corps, dans ton âme.Mes anticorps
vont attaquer ta thyroide jusqu'à la détruire
complètement.
Il y aura un « Avant » et un « Après ».
Avant tu étais pleine d'énergie, tu courrais,
tu t'amusais. Avant tu pouvais faire mille
choses à la fois, tu riais aux éclats. Avant tu
mangeais ce que tu voulais sans prendre un
seul gramme.C'était avant !

Maintenant je suis là, je dévore ton énergie,
je t'épuise. Je ralentis ton corps à tel point
que ta mémoire déraille, ta concentration se

fait difficile, tu butes sur les mots, tu paniques.

Je m'incruste dans ton sommeil t'imposant des siestes dignes de l'enfance ou créant des insomnies, tes cheveux tombent, c'est moi, tes ongles cassent, ce sera encore moi. Ta peau va devenir plus fragile, tes talons vont se napper d'une corne, ce sera encore moi.

Je vais mettre ton organisme en veille à tel point que tu vas gonfler comme un ballon, tes doigts vont se boudiner, les kilos vont s'ajouter. Ne rêve même pas à un régime, je veillerai à ce que tu ne perdes pas un gramme.

Je suis une vraie traîtresse, et d'autres maladies pourront se joindre à moi, la Sclérose en plaques, les problèmes articulaires...

Oh je t'en veux d'être là, je m'en veux aussi. Je ne t'ai pas choisie. Je me suis juste installée et je ne bouge plus.

La faute à qui ? À Tchernobyl ? Au stress ? Aux chocs ? à la vie ? à la génétique ? Nul ne le sait et est-ce vraiment si important, puisque je suis là, et bien là.

Je t'ai dit, je ne te quitterai plus jamais. C'est une réalité. Ah tu vas parfois en voir des médecins, des spécialistes avant de savoir qui je suis. La plupart ne me connaissent pas. Ils ignorent même qui je suis. Tu verras, on te traitera de folle, on dira que tu as un problème psy, car c'est vrai que je ne fais pas dans la dentelle, là où je passe, tout casse. Je sème la déprime, la lassitude, le dégoût de soi, je m'incruste dans ta vie privée, fini la libido de choc, fini les cycles bien rythmés.

Alors ils vont te donner des cachets pour dormir, contre l'angoisse, même pour maigrir, mais sans penser à moi. C'est fort, tu ne trouves pas ?

Et pourtant, il suffit juste d'un petit rien pour me découvrir, ces recherches d'anticorps, alors tout changera. Un nom sera posé, et tes soucis vont diminuer :

Cholestérol, problème de vésicule biliaire, de tension, de glycémie, de coeur, essoufflement, migraines, vertiges, problèmes de vue, yeux secs, la liste est sans fin.

 Je ris d'avance car tu ne seras pas prise au sérieux. Les gens se moquent des maladies invisibles. C'est plus facile de juger que d'aider, de condamner que d'écouter.

N'essaie même pas te parler à tes collègues, ils n'entendront pas ta fatigue, car tu auras toujours bonne mine. Pour eux tu seras juste « chochotte » ou paresseuse. Ton mari ? Tu vas vite le saouler. Tes enfants ? Tu vas les exaspérer.

Tu vois, je suis vilaine. Te débarrasser de moi tu n'y arriveras pas, mais je ne suis pas mortelle. N'est-ce pas la bonne nouvelle ? Avec le temps, tu vas m'apprivoiser, adapter ta vie, trouver un autre rythme, revoir tes priorités. Tu vas dessiner de nouveaux projets, différents, mais tout aussi importants.

Bien sûr que tu devras prendre un traitement à vie, et si tu tombes sur un bon médecin, tu sauras gérer mes crises, car je t'en ferai voir toute ta vie. Tu sauras que ta TSH doit être très basse, entre 0,5 et 1 pour éviter une destruction, tu sauras que ton papillon est important, qu'il faut le préserver.

Tu rencontreras des gens comme toi, tu découvriras que vous êtes des millions, tu t'étonneras que les pouvoirs publics n'y prêtent pas plus attention.

Un jour, tu accepteras notre rencontre, tu vivras en évitant de penser à moi, acceptant de souffler le jour où tu seras fatiguée, renonçant à expliquer aux autres. Ils ne peuvent comprendre. Même certains médecins ne comprennent pas.

Alors oui, ce jour-là tu pourras juste dire …

J'ai la maladie d'Hashimoto, il serait temps d'écouter et surtout de m'entendre ! De NOUS entendre ! »

Ces deux textes sont protégés sur le blog rougepolaret ne peuvent être repris sans citer les sources.

Tout est dit … Les médecins devraient un peu plus s'intéresser à cette maladie. J'ai eu la chance d'avoir un médecin traitant extraordinaire qui a su faire un diagnostic rapide et efficace m'évitant des mois de gouffre. Je côtoie depuis dix ans sur les groupes des réseaux sociaux ou via l'association tellement de personnes en souffrance.
Je dis NON !

La médecine aujourd'hui doit accepter de rester humble, de dire à un patient : je suis dépassée, car elle est dépassée devant une maladie où pour être sur pied, il ne suffit pas qu'une TSH se trouve dans les normes.

On vit avec Hashimoto, on travaille avec Hashimoto, on aime avec Hashimoto, mais c'est une maladie qui change la vie. Par elle, on doit apprendre à fuir les énergies négatives qui réactivent notre hypothyroïdie, par elle, on doit accepter d'être à l'origine de notre maladie. Notre corps sous l'emprise d'un choc violent a simplement dit STOP ! Stoppez avant d'être stoppés. Écoutez votre corps. Il est le meilleur indice. N'ayant plus honte de devoir vous reposer. Ce sont ceux qui vous regardent avec mépris qui sont à plaindre. Quitte à mourir avec Hashimoto, autant essayer de vivre le mieux que l'on peut en attendant ce jour.
Et vous qui n'avez pas cette maladie, cessez de juger sans comprendre, cessez de montrer du doigt les faiblesses des autres. On se croit invincible. On ne l'est pas. On pense que la douleur ne peut plus nous toucher et une phrase venant d'un ami peut vous détruire. Alors, soyez indulgents. Cette maladie touche tout le monde même les enfants. Soyez solidaire de la souffrance ressentie.

Je rappelle, et le redirai tout au long de ce
recueil, que ce modeste recueil est destiné à
faire comprendre la souffrance des malades.
Le contenu pourra paraître répétitif à ceux
qui savent, mais pour les autres, un peu
comme un marteau-piqueur, ces mots
serviront à bien rentrer dans leur crâne.
Trop souvent, la famille ou les médecins
minimisent ces dysfonctionnements
thyroïdiens.
Alors non, vous qui me lisez, les
dysfonctionnements thyroïdiens ne sont pas
imaginaires.
Non, un malade de la thyroïde ne simule pas
une fatigue, il est fatigué.
Non, un malade de la thyroïde ne grossit pas
parce qu'il se gave de sucreries, mais parce
que son métabolisme est déréglé, et non, un
régime n'est pas impossible, mais n'est pas
donné à tout le monde. Certains malades
malgré leurs efforts ne verront jamais la
balance descendre, alors que d'autres auront
cette chance.
C'est cela un dysfonctionnement de la
thyroïde, cette injustice face aux symptômes,
face à la maladie.

Non, on n'en guérit pas toujours, sinon cela se saurait, mais oui, on peut avec le temps voir son système endocrinien s'améliorer.

Non, la perte de mémoire ou de concentration lors d'un dérèglement thyroïdien n'est pas signe de démence précoce, et pourra se réguler dès que le traitement sera efficace.

Non, une dépression avec une thyroïde défectueuse ne nécessite ni traitement d'anti dépresseur ni un séjour en hôpital psychiatrique, juste une fois encore l'ajustement d'un bon dosage.

Lorsqu'un malade découvre cette maladie, il est affaibli, tout est détraqué dans son corps, et de nombreux médecins sont démunis face à une telle souffrance. Expliquer une maladie thyroïdienne lorsque l'on n'est pas soi-même malade est presque impossible. Comment percevoir la douleur psychique d'une personne qui se retrouve du jour au lendemain, épuisée, sans force, perdant ses repères, allant à l'aveuglette, si on ne l'a pas vécue ? L'entourage du travail, de la famille ne comprend pas ou ne veut pas comprendre, parce que cela signifierait devoir se mettre à la place des autres, ce qui est difficile dans notre société.

Pour la majorité des individus, si on est debout, c'est que l'on va bien. Et bien non, la

grande majorité des malades vont juste faire
en sorte d'aller bien, se bottant les fesses
pour tenir debout, mais la destruction qui
attaque leur corps est invisible mais tenace.
C'est une des raisons pour laquelle de
nombreux malades tirent sur la corde, et vont
« casser » du jour au lendemain
d'épuisement, alors que personne n'a rien vu
venir.
Non, les malades de la thyroïde n'osent pas
se plaindre souvent voire même rarement. Ils
veulent juste être respectés pour ce que
qu'ils sont. Ils n'ont pas choisi de tomber
malades. Ils n'en savent même pas la raison.

Les maladies endocriniennes ne sont pas
anodines. Preuve en est, contrairement à la
France, au Canada ou aux States, la TSH est
automatiquement réalisée lors d'une entrée
aux urgences. Tous les cardiologues
affirment haut et fort qu'une diminution ou
accélération du rythme cardiaque est liée
dans 50% des cas à un souci de thyroïde,
qu'un yoyo de tension en est également, et
pourtant la moitié seulement des malades
sont diagnostiqués (les témoignages le
prouvent chaque jour).
Quant à la stabilisation, si elle est une
évidence pour certains, cela reste un drame
pour d'autres. Il faut cesser de tout
généraliser. Nous avons tous une « zone de

confort » différente, un corps qui va réagir différemment. La rapidité de diagnostic est donc importante, l'âge va jouer aussi, puis nous nous heurterons aux autres hormones du corps très actives durant certains moments de vie, puberté, grossesses, ménopause. Chaque malade devrait avoir une sorte de questionnaire précis afin de cibler au plus juste. Certains vont réagir positivement en bord de mer en rechargeant leur thyroïde, d'autres ce sera l'inverse. Souvent, un réajustement sera nécessaire au retour. Pareil lors d'un gros stress, d'un changement de vie, rien n'est jamais acquis, et le traitement sera à vie.

Un suivi régulier sera indispensable, un soutien familial, amical, et surtout un minimum de stress. Bien vivre est possible. Un dysfonctionnement thyroïdien n'est pas une fatalité, mais ce n'est pas non plus une maladie bénigne liée au psy. C'est une maladie avec laquelle on va vivre tout simplement, en croisant les doigts que notre corps ne fonce pas ensuite tête baissée vers d'autres pathologies associées.

L'annonce du diagnostic

Comme pour toute maladie, la découverte d'une maladie thyroïdienne est un choc. D'abord parce que la plupart des personnes n'ont jamais entendu parler de cette glande et surtout de son utilité. La peur des hôpitaux n'est pas anodine, que l'on soit à Paris ou en province, dans des services spécialisés ou non. Toujours des salles d'attente. L'anxiété présente, palpable, avec toujours cette même question qui résonne : « Pourquoi ? Pourquoi moi ? Qu'ai-je fait pour mériter cette maladie, cette fatigue, comment vais-je y survivre ?
Qui va me comprendre ? M'écouter ?
De plus en plus de malades de la thyroïde sont diagnostiqués chaque année. Avec en 2017 l'affaire du nouveau Lévothyrox®, nous avons entendu des choses horribles, qui ont mis le doute autant chez les patients que chez les praticiens, provoquant des réactions de pure colère. Cela ne peut pas durer, cela ne doit pas durer. Écoutons les malades, écoutons leurs témoignages !

À travers quelques témoignages, la parole est donnée.
L'histoire de **Lola** (20 ans)

Elle s'appelait Lola. Elle était assise, là, dans une salle d'attente comme vous en connaissez tous. On rencontre tous dans notre vie des moments où la forme est en berne, mais cette fois, c'était catastrophique. Plus les jours avançaient et plus son état s'aggravait. Dès le lever, elle ressentait des vertiges. Au cours de la journée, c'était pire. Elle n'arrivait à rien, manquant même de s'endormir pendant les cours. Et ces kilos ! Lola avait toujours été un peu gourmande, pourtant, ces derniers temps, elle ne faisait aucun excès. L'aiguille de la balance continuait à grimper. Elle se trouvait laide. Cette vérité lui fut confirmée lorsqu'elle surprit Jérémy parlant de son surpoids à voix basse avec sa meilleure amie. Elle se replia sur elle-même non sans ignorer que l'on médisait derrière son dos. Les gens sont ainsi. Ils ne peuvent s'empêcher de déblatérer sur ce qu'ils ne comprennent pas. Elle savait qu'en moins de six mois, elle avait changé. Mais comment trouver les mots pour l'expliquer ? La coupe déborda le jour où un de ses professeurs la traita de paresseuse après avoir échoué à deux partiels qu'elle avait pourtant énormément travaillés. Elle savait tout, mais n'avait pas réussi à coucher la moindre bonne réponse sur sa feuille. Le trou noir. Comment pouvait-elle convaincre son enseignant qu'elle avait, pourtant, tout appris ? Que ses mots s'étaient simplement envolés ? Elle ne fut pas prise au sérieux. Sa mère lui conseilla d'aller voir le bon médecin de famille, mais comment expliquer à un vieux monsieur qu'à presque vingt ans, chaque pas semblait peser des tonnes, qu'il y avait ces fichus kilos qui lui donnaient des joues toutes gonflées même si elle gardait encore une jolie silhouette, ces maux de ventre qui ne cessaient de se répéter, ces crises d'angoisse qui survenaient sans prévenir, ces crises de larmes ? Lola avait besoin d'être rassurée, mais c'était sans compter sur ce toubib qui ne remarqua que l'anxiété à fleur de peau, les cernes violacés entourant ses yeux, les lèvres gercées qui saignaient, la tristesse. Lola vivait mal sa scolarité. Un burn-out de plus. Il diagnostiqua trop rapidement une dépression et Lola ressortit du cabinet médical avec un bon cocktail d'antidépresseurs.

Désabusée, elle prit son traitement durant plusieurs semaines, sans signe d'amélioration, et de nouveaux symptômes apparurent. Des crises de tachycardie de plus en plus fréquentes, une vue qui par moments se voilait, des cheveux qui se mirent à tomber par poignées. Quant à son visage, il devenait de plus en plus bouffi. Était-ce l'antidépresseur ? Elle continuait mécaniquement de prendre ses cachets, mais son moral continuait à baisser. Elle en était à ne plus vouloir vivre. À quoi bon continuer dans un tel état ? Un matin, en se levant, ses jambes se dérobèrent sous elle, puis ce fut le trou noir. Plus tard, elle apprit qu'elle s'était évanouie, avait été conduite à l'hôpital où elle avait subi toute une batterie d'examens. Le médecin en blouse blanche n'avait pas voulu lui dire ce qu'elle avait. Rien n'est pire que de ne pas savoir. Elle s'était pensée en phase terminale d'un cancer. Internet est un outil merveilleux, mais quand on tape quelques symptômes, on se retrouvait avec une liste de dix pages des pires maladies qui existent. Elle attendait le verdict, la peur au ventre.

L'annonce d'un verdict est toujours terriblement anxiogène. La jeune femme avait en main ses résultats de prise de sang complète : TSH à 7,58 (norme labo : 2,2 à. 4,3), T4 : à 14,2 (norme labo : 13 à 21). Quant à vos anticorps HT : 5 000 UT/ml. Le médecin annonça à Lola qu'elle était atteinte d'une déficience de son système immunitaire agressant sa thyroïde portant le nom de maladie d'Hashimoto. La réponse du médecin fut simplement :

« Ce traitement va vous permettre de mener une vie normale, avec très peu d'inconvénients. Votre médicament sera la même hormone que celle que produit la glande thyroïde. Son rôle sera simplement de compenser l'insuffisance de production de la glande. Il ne s'agit donc pas d'un traitement contre une maladie puisque vous avez une maladie auto-immune donc incurable, ce qui ne veut pas dire mortelle, mais d'une compensation d'un déficit de l'organisme. Je vais vous la prescrire à dose réduite au début afin que la glande qui souffre, sous l'agression auto-immune, se repose un peu, puis on augmentera régulièrement. Ainsi, petit à petit, votre TSH va se réduire. »

Et c'est ainsi que Lola est sortie pensant qu'un petit cachet allait la guérir.

Qui était donc Hashimoto ?

La maladie d'Hashimoto fut découverte par Hakaru Hashimoto né en 1881 dans un petit village japonais de Midai. Médecin de tradition familiale, il s'intéressa plus particulièrement au tissu thyroïdien dans le cadre de ses recherches. Il mit en évidence les goitres prélevés sur des patientes d'âge moyen, et découvrit des caractéristiques pathologiques inconnues jusqu'alors, qu'il publie en 1912 dans un article scientifique dans Archiv für klinische Chirurgie. La thyroïdite de Hashimoto est une maladie auto-immune. Le rôle du système immunitaire est de réagir contre les micro-organismes envahissants (par exemple bactéries ou virus) en fabriquant des anticorps ou des lymphocytes sensibilisés qui reconnaîtront et détruiront les envahisseurs. Les raisons de son déclenchement restent encore inexpliquées même si de multiples explications s'affrontent. Dans le cas de la maladie d'Hashimoto, le système immunitaire développe des anticorps contre ses propres cellules thyroïdiennes. On observe une incapacité de la glande à produire suffisamment d'hormones, conduisant conduisant à une hypothyroïdie. Les symptômes principaux sont une fatigue, une faiblesse musculaire, une modification du poids, un goitre. Seuls des tests sanguins vont pouvoir affirmer dans la majorité des cas, la présence d'anticorps permettant un diagnostic précis. Le traitement consiste à donner pour de nombreux malades une hormone de substitution à vie. Longtemps, on a pensé que cette maladie ne touchait majoritairement que les femmes adultes, entre quarante et soixante ans, c'était une erreur. De nombreuses personnes sont atteintes, dont des enfants, et de plus en plus d'hommes. La maladie d'Hashimoto n'est pas considérée comme une maladie mortelle d'où le peu de considération des médecins envers elle. Elle est, néanmoins, très invalidante pour la vie quotidienne, très complexe, car très différente selon les individus. Ce n'est pas une maladie psychosomatique, et certains symptômes, comme des atteintes cardiaques, du foie ou des reins si elles ne sont pas traitées à temps, peuvent se révéler irréversibles. Elle s'associe parfois avec le temps avec d'autres maladies auto-immunes, fibromyalgie, maladie de Biermer, insuffisance rénale, syndrome de Schmidt, insuffisances ovariennes, polyarthrite rhumatoïde, maladies cardiaques et dans les cas les extrêmes, lymphome.

La maladie auto-immune Basedow, quant à elle, touche la thyroïde différemment. Les anticorps vont également attaquer la glande thyroïde, mais à l'inverse de la maladie de Hashimoto, ils vont empêcher de jouer leur rôle régulateur en bloquant la TSH et en abaissant son taux. Ces anti-TRAK vont stimuler la thyroïde beaucoup trop et provoquer une hyperthyroïdie. Avec Hashimoto, le corps se ralentit, avec Basedow, il s'accélère. C'est la théorie, malheureusement, des témoignages montrent que la réalité est tout autre.

L'hypothyroïdie

L'hypothyroïdie incite les organes à fonctionner au ralenti par manque d'hormones thyroïdiennes tandis que l'hyperthyroïdie fera fonctionner l'organisme en mode accéléré. La fatigue est le premier symptôme d'un problème de thyroïde, aussi bien en hypothyroïdie qu'en hyper même si, dans ce dernier cas, de nombreux malades ont une première phase d'hyperexcitation, voire de grande forme. L'asthénie va vite apparaître, et se retrouve dans 99 % des cas. La plupart des malades présentent une frilosité anormale, une peau sèche, jaunie, voire grisâtre. Des symptômes de bradycardie (rythme cardiaque au repos en dessous de la normale), ce qui n'est pourtant pas général. De nombreux malades en hypothyroïdie signalent des battements du cœur violents. On trouvera des cheveux secs, cassants, qui tomberont. Le visage sera souvent gonflé, surtout autour des yeux et du menton et les traits s'épaississent, les ongles peuvent se strier, devenir mous, puis se casser et les sourcils se raréfier.

En cas d'hypothyroïdie, le malade pourra être dépressif, irritable, nerveux, très instable émotionnellement. Il pourra pleurer sans raison, être plus sensible, prendre tout à cœur. Ceci restant variable pour chacun.

Le poids reste le problème majeur puisque la grande majorité des cas verront leur poids grimper malgré une alimentation normale, le corps gonfler. On observe, également parfois, une hypoglycémie, car le foie se dérègle, et une hypercholestérolémie peut survenir. La fonction sexuelle est presque toujours affectée par l'hypothyroïdie. Chez les femmes comme les hommes non traités, la libido s'effondre, ils souffrent d'un manque de désir et de satisfaction. On peut constater aussi des troubles menstruels, avec des règles se rallongent, hémorragiques, et les seins fibrokystiques, des difficultés de procréation.

La mémoire aussi sera touchée, en particulier la mémoire à court terme, ainsi que des problèmes de concentration qui peuvent se coupler à un raisonnement plus lent et à l'impression d'avoir le cerveau dans le brouillard. Une élocution plus lente se remarque également dans la majorité des cas d'hypothyroïdie. C'est même une des manières, avec le temps, de pallier une crise, en repérant rapidement ces symptômes. L'articulation des mots devient de plus en plus difficile, on trébuche sur les phrases et l'on finit par marmonner. C'est la conséquence d'un apport insuffisant en hormones thyroïdiennes qui ralentit le fonctionnement du cerveau.

L'hypothyroïdie peut aussi générer des problèmes de digestion, de constipation, de gaz accompagnés d'une dilatation abdominale. Le corps souffrant de ces multiples dérèglements, on assiste à des soucis au niveau des muscles, des articulations et des ligaments. Le corps commence à se raidir, on constate des troubles de la coordination et des vertiges. Ces handicaps sont dus à l'accumulation de liquide dans les muscles, ligaments et tissus, ce qui fait que les déchets et toxines y stagnent. Les nerfs sont, eux aussi, atteints par une circulation sanguine diminuée. Des sensations d'engourdissement et de picotements apparaissent. Le syndrome du canal carpien apparaît dans de nombreux cas d'hypothyroïdie. Une fois encore, nous ne le dirons jamais assez, cette maladie invisible, même si elle n'est pas mortelle, n'est pas facile à vivre.

L'hyperthyroïdie

L'hyperthyroïdie est liée à une accélération de la thyroïde. En cas d'hyperthyroïdie, la peau aura tendance à devenir chaude, le malade pourra présenter des bouffées de chaleur qu'il prendra parfois, à tort, pour des symptômes de préménopause. Il va transpirer au moindre effort, aura les mains moites. L'accélération du rythme cardiaque avec palpitations va apparaître, empêchant de dormir, avec une tachycardie toujours présente. En cas d'hyperthyroïdie, le malade devient anxieux, avec des sautes d'humeur, de l'agressivité possible, un énervement parfois incontrôlable et un dérèglement hormonal pourront déboucher sur une dépression. La nervosité est presque toujours accompagnée d'angoisse et d'irritabilité. Les personnes atteintes d'une hyperthyroïdie perdent souvent du poids surtout quand elle est due à une Basedow, mais un peu moins si c'est un cas d'hyperthyroïdie due à un nodule ou goitre toxique. Cet amaigrissement est d'autant plus paradoxal que les patients mangent davantage qu'à leur habitude. Le poids baisse souvent de plusieurs kilos en une seule semaine. Malheureusement, certains malades en hyperthyroïdie grossissent, ce qui peut amener les médecins à poser un diagnostic biaisé. Là encore, tout comme en hypothyroïdie, le désir sexuel sera touché. On rencontrera souvent une accélération du transit, des diarrhées. Moins fréquente, l'hyperthyroïdie pourra causer des tremblements légers, mais quasi permanents. Souvent, on constatera une exophtalmie, impression très gênante que les yeux sortent de la tête. La paupière supérieure se rétracte, et le regard a un aspect fixe caractéristique. L'examen clinique met en évidence au niveau du cou un goitre homogène vibrant sous la main lors de la palpation. Les personnes en hyperthyroïdie sont moins nombreuses nombreuses que celles en hypothyroïdie, ce n'est pas pour autant qu'il faut ignorer leurs souffrances. Chaque personne doit écouter son corps. Il est important de bien connaître les maladies thyroïdiennes, car ces essoufflements fréquents ou ces tachycardies pour des problèmes cardiaques, alors qu'il ne s'agit que d'un ralentissement du corps, peuvent générer des angoisses déjà que trop présentes dans ces maladies. Par prudence, il est néanmoins toujours conseillé de faire une vérification chez le cardiologue. La fatigue n'est pas non plus toujours un signe de dérèglement thyroïdien, et peut être due à des problèmes d'anémie, de baisse de fer, de manque de vitamine D. Mais il est bon de se souvenir qu'une hypothyroïdie pourra présenter les mêmes symptômes qu'une carence en vitamines ou une anémie. L'analyse sanguine montrera également très souvent des lymphocytes en dessous de la norme logique puisque les anticorps sont occupés à s'attaquer à la glande thyroïdienne. Mais certains médecins ne s'arrêteront qu'à cette anémie, prescrivant une cure de fer, et l'hypothyroïdie sera mise de côté. La liste des symptômes est immense, on pourrait rajouter l'apparition d'une voix rauque ou d'une aphonie qui ne passe pas, des difficultés à avaler, des démangeaisons aussi bien du corps que des cheveux, des problèmes de vue, yeux secs, vision trouble, une sensibilité accrue aux rhumes, aux grippes, aux sinusites ou aux infections diverses, des crampes, des crises de tétanie, des troubles du sommeil… Il est bon de signaler que tous ces désagréments peuvent survenir aussi bien à huit ans qu'à soixante-dix ans, occasionnant une réelle panique chez le malade. Perdre la mémoire à vingt ans est intolérable et pourtant, avec la maladie d'Hashimoto, c'est une chose fréquente. Le malade va buter sur ses mots, oublier où il a mis ses affaires, il va apprendre ses cours et ne plus s'en souvenir. Ceci est très déstabilisant, générateur d'angoisses, et très handicapant. L'entourage se doit donc d'être compréhensif et à l'écoute. Je ne le redirai jamais assez : il ne le fait pas exprès et en souffre. Certains témoignages montrent que des malades ont été internés pour démence alors qu'ils avaient juste une TSH déréglée.

La norme

Ah cette norme, celle qui officiellement met l'étiquette hypothyroïdie ou hyperthyroïdie, elle fait beaucoup parler, pourtant cette norme n'est pas la même pour tout le monde, elle est juste une indication qui ne devrait jamais être prise sans ses symptômes.

Il est bon de rappeler qu'un malade atteint d'une maladie auto-immune d'Hashimoto, ou une personne qui a subi une ablation totale de la thyroïde pour nodules toxiques ou autres, ces malades vont devoir mettre leur thyroïde « au repos » afin d'éviter les crises thyroïdiennes. Ces mêmes malades, suite à un rhume ou un stress, pourront voir leur thyroïde s'enflammer, autour de 3,50 par exemple. Ils seront alors dans la norme laboratoire, et pourtant certains pourront se dire fatigués, anxieux, frigorifiés. La plupart des malades avec une thyroïdite Hashimoto situeront « leur zone de confort » entre 0,5 et 1,2. On est loin de la norme labo !(qui est différente selon les pays)

Pour bien analyser des résultats de TSH, il s'avère souvent nécessaire de vérifier les T3 et T4. C'est un peu compliqué, cet équilibre entre les T3 et les T4. Lorsque les taux d'hormones thyroïdiennes diminuent, ceux de la TSH augmentent et inversement. En clair une T4 basse fera pressentir une hypothyroïdie même si la TSH est « dans la norme ».

La T4 représente environ 80 % des hormones produites par la thyroïde. C'est une hormone inactive, mais elle peut se convertir en T3, qui, elle, est active. Le foie est l'organe qui convertit le plus de T4 en T3. Les intestins, les reins, mais aussi tous les tissus peuvent convertir la T4 en T3 en fonction de leurs besoins.

Une personne peut-être atteinte d'un simple dysfonctionnement thyroïdien suite à une grossesse, un changement hormonal, un dysfonctionnement ponctuel, ce qui ne va pas nécessiter un long traitement. D'autres vont avoir des nodules, bénins ou cancéreux qui vont agir sur le corps ou pas. Si l'ablation est totale, nous aurons nécessairement un traitement à vie, indispensable, car le corps ne peut vivre sans hormones thyroïdiennes. Nous pouvons avoir une maladie auto-immune Basedow ou Hashimoto. Là encore, des cas différents. Dans la grande majorité des cas pour Hashimoto, le traitement sera à vie, car la thyroïde se détruisant ne peut suffire. Seulement, le problème reste les anticorps. Certains médecins annoncent à leur malade qu'ils ont une thyroïde Hashimoto par exemple alors qu'ils n'ont que de faibles anticorps inférieurs à 100 et souvent aucun symptôme. Les statistiques montrent que ces anticorps vont disparaître comme ils sont venus. Par contre, un malade avec des anticorps supérieurs à 3000, ne verra que rarement son taux descendre malgré tous les régimes « miracles » préconisés par certains. La norme est donc subjective comme beaucoup d'affirmations qui se promener. Il faut donc impérativement éviter de conseiller en ne se basant que sur son expérience et demander plusieurs avis médicaux si le médecin « n'écoute » pas.

Témoignage de **Sylvine**
« Sylvine a vécu paisiblement jusqu'à un divorce dont la faute incombait exclusivement à son mari. Ce dernier menait une double vie, ce qui la perturbait ainsi que ses cinq enfants. Pas facile de se remettre sur pied lorsque l'on doit tout recommencer. Déménager, vendre ses biens, renoncer à son passé, se poser des questions sur ses erreurs. Le choc fut grand. Sylvine tenta pourtant de tenir à bout de bras tout son monde qui s'écroulait. Le corps répondit à sa place en réagissant, maux de tête violents, angoisses, problèmes digestifs, etc. Sylvine passa de l'euphorie aux pleurs sans raison, de la boulimie à l'anorexie. Petit à petit, elle sombra dans le dégoût de son corps, de son être. Les gens s'éloignaient d'elle parce

qu'un divorce remettait leur propre stabilité en question. Et puis, les personnes qui vont mal, personne n'a envie de les approcher. Alors elle se blinda, rentra dans sa coquille, accusa les coups. Un an après, sa sœur mourut d'un cancer. Trop de tragédies d'un seul coup, trop de larmes. Sylvine s'enfonça. Elle s'anémia, se fragilisa, tout en supportant et en serrant les dents sur les soucis qu'elle continuait à rencontrer. Son corps lâcha, elle pouvait sentir cette impression de faire tant d'efforts pour marcher qu'elle se serait crue sur la lune. Son médecin fit des analyses, sans grand succès. Rien de vraiment catastrophique, un peu de manque de fer, un peu de vitamine D en moins, mais rien d'alarmant. Et pourtant, tout était là ! Elle présenta de plus en plus de dégradation physique qui poussa tout de même à une prise de sang incluant la thyroïde. Le médecin resta perplexe. La thyroïde était dans les normes avec des anticorps à faire pâlir. Il dut admettre qu'il pouvait s'agir de la maladie d'Hashimoto. »

Sylvine perdit de nombreux mois de confort. En dehors de la prise de sang, il est indispensable de faire une échographie dans un centre moderne.

L'échographie de la thyroïde dans le cas d'une thyroïde Hashimoto

Dans ce cas, la thyroïde est augmentée de volume provisoirement. Ce goitre est indolore. L'échographie peut montrer un aspect très hétérogène du tissu thyroïdien avec parfois des micronodules ou des pseudo-nodules (des plages hétérogènes) qui ne constituent pas un critère de gravité. On peut observer un assèchement de la glande. On dit qu'elle se détruit. Son grossissement est dû à une infiltration par des lymphocytes. Physiologiquement, les anticorps causent une destruction progressive des follicules thyroïdiens de la glande thyroïde. La thyroïdite d'Hashimoto a une autre particularité. On distingue deux formes essentielles de maladie de Hashimoto :
– la forme hypertrophique : un goitre de taille variable est observé (dans ce cas, la glande n'est pas détruite, mais son fonctionnement est extrêmement ralenti) ;
– la forme atrophique : la thyroïde est de taille et de volume particulièrement faibles, car elle a déjà été en partie détruite par les anticorps anti-thyropéroxydase (anti-TPO). Dans les deux cas, la thyroïde sera trouvée globuleuse avec des contours irréguliers à l'échographie. Les cancers avec Hashimoto existent, mais sont rares, surtout si la maladie est détectée « à temps ».

On ne le répètera jamais assez, il faut cesser de prendre les troubles de thyroïde à la rigolade ! Tout comme il faut aussi cesser systématiquement de mettre tout sur le dos de la thyroïde. D'où l'importance d'une bonne écoute de la part des soignants.

Durant des années, les lymphocytes au niveau de la prise de sang seront très bas, vu qu'ils sont occupés à détruire la thyroïde.

Les différents dysfonctionnements de la thyroïde

La thyroïdite post-partum est une forme de réaction auto-immune qui survient quelques mois après l'accouchement. Il s'agit d'une hypothyroïdie passagère avec des signes moins intenses dont un fort blues souvent trop fréquemment apparenté au fameux baby blues. Non soigné, il peut conduire à une aggravation des symptômes négatifs de la thyroïde. Tout n'est pas toujours la thyroïde, on le sait et avoir le blues peut toucher le commun des mortels surtout dans notre société moderne, seulement il ne dure pas sauf s'il se transforme en dépression, qui est, il faut le redire une vraie maladie. Dans les autres cas, blues, déprime, angoisse, une fois les cas dits psychologiques comme la bipolarité ou la vraie dépression, ces symptômes peuvent être intimement liés à un problème de thyroïde et il ne faut pas passer à côté. Il faut donc écouter son corps, apprendre à bien le connaître, cibler ses propres symptômes. Ce ne sera pas le médecin qui fera cela à votre place. Vous seuls savez ce qui est bon ou pas pour vous. Si vous avez le blues ou des crises d'angoisse, le raccourci le plus simple sera de vous prescrire antidépresseurs ou anxiolytiques, seulement ce que votre médecin ne vous dit pas, c'est qu'un problème de thyroïde pourra être à l'origine d'une résistance à ces traitements, alors qu'une stabilisation dans les normes de confort sera beaucoup plus efficace. Toujours donc chercher un problème d'hypothyroïdie ou d'hyperthyroïdie au moindre signe dépressif (ce qui ne veut pas dire que systématiquement tous les dépressifs ont un problème de thyroïde, mais que l'inverse est plus fréquent !) On sait tous que ces problèmes de blues comme nous allons les appeler sont souvent liés avec le stress. Trop de stress augmente le fonctionnement de la thyroïde le mettant en surchauffe, augmentant par la même occasion des crises d'angoisse, d'anxiété, une nervosité accrue. Ces coups de blues peuvent survenir n'importe quand du jour au lendemain, sans aucun signe. Ils peuvent être liés à des changements de temps, et même si cela n'a rien de scientifique, lors des Pleines Lunes. Selon les personnes, l'hiver sera plus difficile, d'autres ce sera simplement les températures qui changent.

Chacun est différent.

On ne peut malheureusement pas avoir les yeux rivés sur la thyroïde, et il est dommage que des tests précis (et non des tests hors des normes) n'existent pas comme pour la glycémie. Les personnes avec des soucis de thyroïde verraient certainement un lien avec l'apparition de leur baisse de moral. Des études canadiennes ont montré qu'il suffirait d'un dosage très faible, de juste quelques ug durant une semaine pour tout remettre dans l'ordre. Seulement en France, on part du principe qu'il faut des traitements de six semaines d'affilée avant de pouvoir changer le dosage. Seulement six semaines, c'est souvent trop dans un cas comme celui-ci. Là encore, beaucoup vont demander : « pourquoi ? »

Tout simplement parce que les hormones sécrétées par la thyroïde servent à réguler l'axe hypothalamus-hypophyse- thyroïde, et c'est eux qui régulent les émotions, les humeurs, les comportements. Le moindre grain de sable va enrayer la machine créant un énorme désordre. Lorsque l'on se retrouve en hypothyroïdie ou en hyperthyroïdie tout le système cognitif se retrouve perturbé et s'accompagne de troubles. Lorsque l'on est en hypothyroïdie, on aura comme nous l'avons vu des périodes de forts blues, s'accompagnant de fatigue, une perte d'envie et d'intérêt, un repli sur soi. À l'inverse, si on devient hyper anxieux sans raison, peut-être sommes-nous en

hyperthyroïdie ? Rien n'est pourtant simple !
Une personne peut présenter des symptômes
d'anxiété avec également des moments de
déprime. Un mélange des deux
dysfonctionnements. Selon une étude publiée
dans le Journal of the American Medical
Association (JAMA) Psychiatry, il existe un
lien étroit entre la dépression et les troubles
anxieux et la thyroïdite auto-immune, que ce
soit Hashimoto ou Basedow. Ce problème se
retrouve également dans des ablations totales
de la thyroïde.

Vous l'avez une fois de plus compris, rien
n'est dans la tête, rien n'est pure invention !
On ne choisit pas d'être malade ! Ces
variations souvent incompréhensibles pour
l'entourage familial ou professionnel, on ne
le choisit pas. On se contente de subir. Et ce
n'est vraiment pas drôle de vivre ainsi. Mais
a-t-on d'autres choix ? L'idéal serait des «
pompes » d'hormones de substitution qui
déverseraient son produit à bonne dose selon
les symptômes des malades.

Attention également aux traitements. On a
vu lors du changement de Lévothyrox en
2017 une montée des dépressions et crises
d'anxiété.

Idée trop fréquente : c'est dans la tête !

Non, ce n'est pas dans la tête !
Quel malade n'a pas entendu au moins une
fois cette phrase : « Cette femme exagère,
tout est dans la tête ! ». Face à ces mots, on
n'a qu'une envie, donner un grand coup dans
la table bien fort et hurler :
NON ! CE N'EST PAS DANS LA TÊTE !
Un dysfonctionnement thyroïdien peut
s'avérer pour certains malades une VRAIE
souffrance qui doit être prise au sérieux. Ce
n'est pas qu'une maladie de femme, il y a
également des enfants, des hommes. Ce n'est
pas non plus une maladie anodine, « du pipi
de chat » comme, m'a dit un jour un
remplaçant. Non, ce n'est pas quelque chose
de drôle, non ce n'est pas quelque chose de
facile à vivre, et il serait bon que les
médecins gardent en terre ce qu'étaient les
soucis de thyroïde « dans le passé » avec le
cas des crétins des Alpes.
Et puis, il y a des cas extrêmement rares où
les dysfonctionnements « tournent mal »,
comme le coma myxoedémateux. Combien
de médecins en parlent vraiment à leur
malade ? Ces cas surviennent lorsque nous
avons une complication d'une hypothyroïdie

non traitée, et peuvent soudain se développer lorsque ces derniers sont confrontés à un stress, une maladie grave etc. « Les symptômes incluent: chute sévère de la température corporelle (hypothermie), délires, altérations des fonctions pulmonaires, ralentissements du rythme cardiaque, constipations, rétentions urinaires, œdèmes, stupeurs, finalement un coma. »

Il ne faut donc jamais négliger une hypothyroïdie non soignée, jamais !

Ce n'est pas dans la tête et il est impératif de bien diagnostiquer les différents symptômes dès le départ en partie pour l'hypothyroïdie liée à une maladie auto-immune ou pour une suppression totale de la thyroïde. Ces malades étant plus sujets à la dépression.

Une étude a conclu:
« l'analyse des données d'études sélectionnées montre que : les patients atteints de thyroïdite auto-immune sont 3,5 fois plus susceptibles de souffrir de dépression, 2,3 fois plus susceptibles de souffrir d'anxiété. Au global, les patients atteints de thyroïdite auto-immune représenteraient plus de 40% de tous les cas de dépression et 30% de tous les cas d'anxiété.

Le pourcentage est similaire en cas d'ablation même partielle.

Chaque année, environ 15 % de la population adulte française présente au moins un épisode d'anxiété. Les causes des troubles anxieux sont multiples. Récemment, des chercheurs ont mis en évidence que l'inflammation de la thyroïde pourrait être impliquée dans le développement de l'anxiété. »

« « Névrosés, déprimés, paranoïaques, de nombreux malades Hashimoto ou victimes d'une autre maladie thyroïdienne se voient attribuer ces qualificatifs. Réducteurs, mais comme aurait dit mon grand-père, pas complètement faux. La glande thyroïde a une influence dans l'équilibre de l'organisme, et ces hormones agissent au niveau du cerveau. Elles modulent le fonctionnement des cellules de notre système nerveux central, et notamment des cellules qui fabriquent un neuromédiateur, la sérotonine, bien connue pour agir sur notre humeur et notre psychique. Un pas vers la dépression, un autre vers les sautes d'humeur. Il a été mis en évidence qu'une hypothyroïdie multiplierait par sept les troubles de l'humeur. »

À cela va s'ajouter des signes débutants de perte de mémoire, concentration, pouvant apporter anxiété, angoisse, voire peur.

De nombreux malades nous relatent souvent qu'avant de les diagnostiquer, elles furent longtemps traitées pour névrose obsessionnelle ou dépression chronique, certaines furent même internées.

Un médecin m'expliquait dernièrement qu'au début du XIXe siècle, la plupart des malades thyroïdiens étaient internés en centre psychiatrique à vie. Le Lévothyrox® n'existait pas ! On voit bien l'horreur d'un mauvais diagnostic !

Thyroïde et grossesse

Rien de mieux qu'un témoignage :
« Je suis une jeune maman de vingt-six ans et suite à ma grossesse, on m'a diagnostiqué une hypothyroïdie Hashimoto post-partum. Je me suis retrouvée donc avec un petit bout de chou de deux mois et une fatigue immense. J'ai été mise sous traitement qui a pris effet au bout de vingt jours avec un léger mieux. »

Ces dérèglements sont courants tout comme à la ménopause.

« Ce fut à la ménopause que l'on me diagnostiqua une thyroïdite de Hashimoto, il y a huit ans. Depuis je suis obligée de prendre tous les jours des hormones thyroïdiennes. On a démarré le traitement avec une prescription de Lévothyrox®50 µg, puis on a dosé, rajusté, et adapté à nouveau. Il a fallu un moment pour que j'aille bien. J'ai plusieurs fois basculé d'hypothyroïdie en hyperthyroïdie. »

Malheureusement, beaucoup de malades de la thyroïde ont des problèmes pour enfanter. Ce témoignage de **Sophie** en dit plus que je ne saurais dire .

« Sophie constata un retard dans ses règles et accueillit cette nouvelle avec joie. Quelques semaines plus tard, de violentes douleurs dans le ventre la terrassèrent. Le sang ne lui laissa aucun doute. Elle venait de perdre le bébé. L'optimisme l'emporta vite sur cet échec. Ce sont des choses qui arrivent. La nature, parfois, fait des sélections.

Elle fut de nouveau enceinte, mais refit une fausse couche. À la suivante, complètement effondrée, elle décida de consulter dans un CHU spécialisé en pré- natalité. Chaque nouvelle perte était bien plus qu'une simple déchirure. C'était un véritable morceau d'elle- même qu'elle laissait à tout jamais. Elle voulait ce bébé, de toute son âme. C'était devenu une véritable obsession. Elle accepta de se soumettre à des examens en tous genres. Victoire !

On lui découvrit des ovaires micropolykystiques. Rien de bien inquiétant, mais cette anomalie ne pouvait tout expliquer. Un simple traitement hormonal et tout devrait rentrer dans l'ordre. Sophie se sentit plus légère. Un an après, elle fut de nouveau enceinte. Tout se passait merveilleusement bien. L'embryon était vivace, l'échographie parfaite. C'était un petit garçon. Sophie était heureuse, si heureuse. Le stade fatidique des quatre mois étant passés, elle commença à respirer et se rua sur les pyjamas et les peluches. Puis ce fut le drame. À vingt-deux semaines, sans aucune raison, le bébé cessa de vivre in utero. Commença la chute vers l'enfer.

Elle venait de perdre un enfant. Même s'il n'était pas déclaré viable, il l'était dans sa tête. Elle lui avait donné un nom. Elle l'avait senti bouger. Ce n'était pas juste un simple embryon. C'était un vrai bébé, son vrai bébé. Elle dut faire face à l'indifférence du milieu médical. Pour eux, ce n'était juste qu'une fausse couche de plus. Quel mot horrible !

Elle l'avait pourtant vu cet enfant à l'échographie, elle avait entendu son petit cœur battre comme un cheval au galop. Il lui avait donné de violents coups de pied. Il suçait même déjà son pouce. Et on lui argumentait que ce n'était pas grave, qu'elle n'avait juste pas eu de chance. Incompétents ! Comment un fœtus en bonne santé peut-il mourir sans raison ?

Mais qu'est-ce qui n'allait pas chez elle ?

Elle envoya valser médecins, hôpitaux, tous avec le même discours. Aucune empathie. Elle n'était qu'un dossier, qu'un numéro. Des phrases surfaites : « Tout finirait par bien se passer, gardez espoir, ne désespérez pas. » « Paroles, paroles, paroles ».

Elle n'en pouvait plus. Que pouvaient-ils bien comprendre à sa douleur face à la perte d'un bébé dans lequel on a mis tous ses rêves ? Ces blessures de l'âme détruisent tout sur leur passage. Rien n'allait plus avec Jean-

Philippe depuis cette grossesse avortée. Elle avait pris quinze kilos et voyait bien, dans son regard, qu'il ne la désirait plus comme avant. Il ne supportait plus d'entendre parler biberons ou layette. Il avait tout descendu à la cave : le berceau, les jouets. Comme s'il renonçait. Quant à cette fichue date d'ovulation à respecter, il s'y refusait, n'arrivant même plus à bander le jour J, ne pouvant réprimer un air de dégoût en la regardant garder les jambes en l'air après chaque rapport pour permettre une bonne fécondation. Faire l'amour n'avait plus rien de romantique. C'était devenu un calvaire. Ce désir d'enfant menaçait leur couple. Elle, elle était détruite. Elle ne vivait plus, n'avait plus d'avenir. Elle se sentait une écorce vide, bonne à jeter. Elle n'avait que trente ans et en portait soixante. À quoi bon continuer ainsi ? Quelques comprimés et tout irait bien. Elle allait en finir, définitivement. Elle n'avait plus envie de se battre. Certaines rencontres ne sont pas anodines. Ce jour-là, Sophie croisa la route d'une amie qui lui conseilla ce spécialiste. Sans elle, elle ne serait pas ici aujourd'hui ».

Ce témoignage fut recueilli en 2014. La bonne nouvelle, **Sophie** aujourd'hui a un magnifique bébé !

Ce sera sur ces mots que je conclurai juste : ne jamais désespérer !

Thyroïde et anxiété

Dernièrement je suis tombée sur un article scientifique récent qui disait : « Les causes des troubles anxieux sont multiples. Récemment, des chercheurs ont mis en évidence que l'inflammation de la thyroïde pourrait être impliquée dans le développement de l'anxiété. Des résultats présentés lors du dernier Congrès de la Société européenne d'Endocrinologie. » J'ai envie de dire, enfin ! Enfin, on s'intéresse au lien entre un dysfonctionnement thyroïdien et les crises d'angoisse. Enfin, on prend en considération le malade dans sa globalité et non des petits bouts. Enfin, on ne pose pas juste une étiquette « folle » ou « dépressive ».

Il est important de noter que cette recherche montre que cette anxiété pourrait arriver même si la tsh est dans la norme, ce qui n'exclurait en rien l'inflammation. On retrouve cette possibilité dans les maladies auto-immunes de la thyroïde stabilisées ou simplement qui n'ont pas impacté la tsh. Faut-il rappeler que pour Hashimoto, par exemple, c'est l'inflammatoire qui va détruire la thyroïde qui est à prendre en compte, et vu qu'il y a destruction, le malade se retrouvera nécessairement un jour en hypothyroïdie, d'où l'appellation de maladie hypothyroïdie d'Hashimoto.

Ne pas négliger l'impact de cette fichue thyroïde sur l'humeur et l'angoisse. Un changement brutal devrait faire penser à un dérèglement, une thyroïdite même ponctuelle. Un sommeil perturbé, oui, ce peut-être la thyroïde. Un sentiment d'énervement, oui cela peut-être la thyroïde. Une légère paranoïa, oui, ce peut-être la thyroïde.

Rien n'est plus compliqué qu'une thyroïde qui débloque, rien n'est plus dur à stabiliser, voire à soigner, d'où la solution de facilité : envoyer le malade chez un psychiatre ou un psychologue, lui donner des médicaments, qui ne seront qu'un pansement.

L'anxiété est un sentiment qui peut générer une énorme souffrance autant au malade qu'à son entourage. On sait par exemple que lors de la maladie de Basedow, la personne peut ressentir des crises d'anxiété aiguës parfois difficiles à contrôler.

Après, une note qui peut rassurer. Lorsque l'on est bien stabilisé, les crises d'angoisse vont petit à petit disparaître même si elles peuvent pointer leur nez par vagues en cas de thyroïdite. Il faut également avoir conscience qu'en début de maladie, on ne sait pas où on va, on ne comprend pas pourquoi cela nous arrive et cela génère beaucoup d'anxiété. On peut également être anxieux parce que le traitement n'est pas miraculeux ! On voudrait que l'hormone de substitution soit à effet immédiat, comme un antibiotique et on découvre qu'il va falot tâtonner. Anxiété parce que les proches, les médecins, les collègues ne comprennent pas. Anxiété parce que l'on n'est pas pris au sérieux, parce que l'on croise trop de regards ironiques.

Avec le temps, on ne s'attache plus autant à ce que pensent les autres, et les crises d'anxiété peuvent baisser, voire disparaître. Quel dommage donc que personne ne s'y intéresse dès les premiers symptômes ?

Dans tous les cas, ne jamais culpabiliser si vous avez besoin d'un anxiolytique (préférable à un AD) et surtout prendre la dose la plus faible possible (même 1/4 de comprimés peut aider sans donner une addiction), et puis même si vous devez vous sécuriser avec 1/8 de comprimés, faites-le sans honte. L'important est de pouvoir continuer à vivre le plus positivement possible.

Ne négligeons pas non plus « l'humeur ».

Une thyroïde qui débloque va interagir avec le moral, créant instabilité émotionnelle, des réactions vives, des changements d'avis, une apathie complète. Comme cette maladie n'est pas reconnue, ce changement de comportement est mal pris par la famille ou les collègues. Résultat, les critiques fusent, le malade se bloque. Rien n'avance.

En hyperthyroïdie, en particulier, le malade peut être extrêmement agressif, prendre la mouche pour un oui ou un non, et ses sautes d'humeur ingérables.

Ce ne sont pas juste des mots. J'ai croisé des personnes en hyper, que je n'ai plus reconnues, dont les mots furent violents, agressifs, sans raison. Par sécurité, on prend de la distance, même si on sait que c'est leur pathologie qui parle.

À l'inverse, en hypothyroïdie, on va noter des pertes d'intérêt, une baisse de motivation, une tristesse régulière sans raison précise, une baisse de la libido. Les idées peuvent être confuses, avec un ralentissement de la concentration et de la mémorisation, ce qui augmente l'angoisse et l'anxiété. De nombreux malades voient le spectre « Alzheimer » se pointer à l'horizon. C'est ce que l'on nommait dans le temps, la mélancolie.

Il est important de faire savoir que la thyroïde est l'organe de l'humeur et que même un infime dérèglement va déstabiliser une personne.

Peut-être serait-il important que cette glande soit un peu plus connue ainsi que son utilité. Combien d'individus savent vraiment avant d'être malades à quoi elle sert ?

Comprendre son fonctionnement va permettre de mieux comprendre les autres.

Sommeil et thyroïde

Ah ce sommeil ! On a beau dire, passer une bonne nuit est presque une garantie de passer une bonne journée. Seulement voilà, lorsque la thyroïde se met à perdre la tête le sommeil peut en partir. S'avère alors un cercle vicieux dont on n'arrive pas à sortir !Anodin ? Absolument pas. Prenons l'hypothyroïdie que l'on retrouve fréquemment dans la maladie d' Hashimoto par exemple, les malades peuvent en plus être atteints d'apnée du sommeil, c'est-à-dire une obstruction des voies respiratoires supérieures. La langue peut augmenter de volume, et une accumulation de protéines peut attirer de l'eau dans les voies respiratoires et causer un gonflement. Le sommeil s'en trouve perturbé, mais pas que, la per va ronfler, beaucoup, parfois fort, et donc se réveiller en sursaut. Quand on sait qu'en hypothyroïdie, cette même personne aura envie de dormir toute la journée. Trop peu de médecins en parlent et préfèrent donner un somnifère qui ne va pas régler le problème. Une personne qui n'arrive pas à avoir une nuit sans se réveiller alors qu'avant elle dormait comme un bébé, ce simple souci doit en premier faire penser à un dysfonctionnement thyroïdien.Et si à l'inverse, vous vous réveillez épuisé, jour après jour, bâillant toute la journée, faisant une sieste non réparatrice, pensez à la thyroïde.Inversement, un malade qui n'arrive pas à s'endormir, qui tourne et se retourne, sans raison, ce peut-être simplement une thyroïde qui fonctionne trop (Basedow ou hyperthyroïdie . Alors des solutions ?Tout d'abord bien sûr, se rapprocher le plus possible de sa zone de confort avec un dosage adapté d'hormones de substitution.Après éviter les médicaments pour dormir qui deviennent vite addictifs. Préférence pour une tisane le soir au coucher sucrée au miel, de l'homéopathie style Passiflore, des huiles essentielles qui peuvent être efficaces.Chacun a sa petite astuce, mais il est bon de retenir qu'une insomnie qui perdure; si on n'a pas de problèmes dans sa vie, pour trouver sa cause dans un dysfonctionnement thyroïdien.

N'oubliez pas, le sommeil est indispensable !

Troubles de l'intestin et thyroïde

L'intestin, organe essentiel qui peut vraiment pourrir la vie que l'on soit ou non malade. L'intestin nous en fait voir de toutes les couleurs, flirtant avec des épidémies de gastro voire même un covid débutant. Seulement, notre fichu intestin peut également complètement perdre la tête en cas de dysfonctionnement thyroïdien, que ce soit une maladie auto-immune (Hashimoto ou Basedow), d'une ablation ou d'un simple dérèglement suite à une grossesse.

Doit-on lister les maux qui en découlent ? Cela va de la simple constipation chronique à des symptômes très handicapants comme le ventre qui gonfle, qui ballonne, douloureux, un intestin avec un ventre qui fait « du bruit » (moment où on se sent parfois bien seul en public), des « pets » également parfois bruyants et impossibles à contrôler. Cela prête à sourire, mais imaginez-vous en train de « péter » en pleine réunion au moment où vous présentez un projet ambitieux ! L'intestin peut-être notre pire ennemi ! Lorsque je parle d'intestin, j'englobe tout le système digestif, estomac inclus. Seulement, n'importe qui, même sans souci de thyroïde aura au moins une fois dans sa vie un ennui intestinal, ce qui fait dire aux médecins que ce n'est pas lié, sauf dans la tête de ces pauvres malades de la thyroïde « hypocondriaques ». Agaçant, exaspérant ! En hypothyroïdie, on assiste à un ralentissement de tout le système digestif, avec une constipation récurrente, une lenteur à digérer les aliments, une acidité qui remonte de l'estomac. À l'inverse en hyperthyroïdie, le corps « s'accélère » et on peut voir des diarrhées apparaître. Le foie va également « trinquer ». Beaucoup d'études tirent la sonnette d'alarme sur les problèmes hépatiques fréquents liés à une hypothyroïdie qui vont poser souci dans la conversion des T3 et T4, faire monter le cholestérol même avec un régime sans graisse. Ce qui affole les malades.

Que peut-on faire en dehors de stabiliser sa thyroïde?

Il faut faire attention à certains aliments qui peuvent inhiber l'absorption de l'iode : le soja, la patate douce, le millet, les graines de lin, tous les crucifères, le café en excès et le tabac. Il en est de même lorsque l'on prend un traitement de substitution. Faire également attention à ne pas abuser du thé qui peut favoriser des anémies.

Ensuite certains malades de la thyroïde peuvent avoir le syndrome de l'intestin irritable qui présentent les symptômes évoqués plus haut : douleurs abdominales (spasmes, crampes…), ballonnements, flatulences, troubles du transit (diarrhée, constipation ou alternance des deux). Dans ce cas, il est important de limiter la consommation de fibres insolubles, les produits céréaliers complets, les fruits et légumes comme la tomate, la courgette, le poivron, les radis, le chou, les fruits secs, la salade. Contrairement à l'idée reçue, certaines fibres sont tout à fait bien assimilées comme l'avoine (même s'il contient du gluten et donc les personnes intolérantes au gluten devront le supprimer), les pommes, les poires, le raisin, les oranges, les pêches, etc

Cette perméabilité pourra provoquer des allergies. Ce qui ne veut pas dire pour autant que tous les malades de la thyroïde sont allergiques. De plus nombreux sont ceux qui sont intolérants et non allergiques. La différence est énorme. Un allergique peut faire une réaction style œdème de Quick tandis qu'un intolérant ne va simplement pas être en grande forme, avec justement des soucis digestifs, maux de tête etc Alors que faire pour être en accord avec cet intestin qui ne nous veut pas toujours que du bien ? Identifier les intolérances dont on parlait plus haut, gluten ,lactose etc. La mode est au « sans » beaucoup de choses, mais le fameux sans gluten ne convient pas à tous. Parfois, juste diminuer d'un tiers suffit à avoir un intestin en meilleur état sans passer par des restrictions draconiennes !

Trouver une solution pour diminuer le stress. L'idéal serait de courir pour évacuer, mais nombreux malades ne peuvent plus à cause de la fatigue, alors se tourner vers des thérapies douces comme le yoga, la sophrologie, la méditation.

Boire beaucoup d'eau, c'est bon pour la tension et pour l'intestin.Manger des fibres, régulièrement, sans abus non plus : figues gorgées d'eau chaude très efficace, pruneaux …
On peut également refaire sa flore intestinale avec de la levure (il faut du temps pour que cela marche) Doit-on prendre des compléments alimentaires ou probiotiques pour nos intestins ? Là encore, il n'y a pas une solution miracle. Certains compléments ou probiotiques seront bénéfiques pour

certains et sans action pour d'autres. Cela reste un coût non remboursé donc bien se renseigner avant d'acheter, car beaucoup d'arnaques là encore.

Dans tous les cas, votre intestin a toutes les chances de réagir avec un dysfonctionnement thyroïdien, ce qui ne veut pas dire qu'il faut en faire une fixation. Certains malades sont passés à côté d'une intoxication à la salmonelle croyant que c'était l'hypo qui faisait des siennes ! N'importe comment un problème de thyroïde n'aura pas exclusivement un problème intestinal !

En conclusion, les dysfonctionnements thyroïdiens peuvent être difficiles à vivre, les soucis intestinaux également. Ce sont des handicaps qu'il faut reconnaître.

Thyroïde et régime

L'hiver a son côté sympa car on peut cacher ses rondeurs, mais l'été, c'est mort. Il faut bien le dire, les kilos et la thyroïde, c'est loin d'être une histoire d'amour. On l'a déjà expliqué maintes fois, lorsque le métabolisme thyroïdien est déréglé, en particulier en hypothyroïdie, la production d'hormones est mise en pause et le corps fonctionne au ralenti. Le corps va alors dépenser moins d'énergie. A la fatigue de l'hypo se rajoute les kilos et la rétention d'eau qui vont s'accumuler. On note pour certains malades des prises de poids énormes survenant même sans avoir une alimentation « riche ».

Rien n'est plus compliqué que de voir son corps changer. On se retrouvera avec des œdèmes, aussi bien au niveau du corps que du visage. La peau de ce dernier est souvent plus gonflée, plus épaisse en hypothyroïdie, donnant une impression de « face de lune ». Alors le combat commence contre la maladie et contre les kilos. Et là, on se heurte vite à l'indifférence des Autres et leurs propos malveillants.

« Tu ne peux pas faire attention à toi ! », « Qu'est-ce que tu as grossi ! », « Si tu faisais des efforts ! »

Seulement, maigrir n'est pas simple. La plupart des régimes sont inefficaces lorsque la thyroïde n'est pas soignée. Il faut donc en premier tenter de réguler les hormones thyroïdiennes. Ensuite seulement, on va pouvoir essayer de s'attaquer aux kilos.

Pourquoi un régime hypocalorique comme nous bombardent les journaux féminins durant tout l'été est-il souvent inefficace ? Simplement parce que ces régimes privatifs puisent dans le corps, ralentissent le métabolisme de base et ainsi stoppent la perte de poids.

Que faire ? Plutôt que se mettre en mode restriction, se mettre en mode « brûler les calories ». Cela ne veut pas dire s'inscrire dans un club de fitness et y aller à fond, ce qui serait également une claque pour la thyroïde, mais simplement « bouger ». J'aime préconiser la marche quotidienne ayant ainsi réussi à ne plus prendre de poids. S'obliger à marcher chaque jour doit alors devenir une habitude et s'imposer les 10 000 pas préconisés par les organismes de santé. Outre la stabilisation des kilos, le second atout est l'action positive sur l'hypertension et la réduction des maladies cardiovasculaires.

Impossible de se délester de ces kilos thyroïdiens ? Non, mais difficile. En clair, on ne peut maigrir en claquant des doigts ni en quelques jours et il faut impérativement éviter de se jeter sur tous les régimes que vont vanter certaines personnes. Certains peuvent être extrêmement dangereux en hypothyroïdie ou avec Hashimoto. Ce qui convient à une personne ne va pas convenir à une autre, car chaque personne est unique.

Dernièrement, Claudie, une adhérente, écrivait :

« L'an dernier, j'ai pris 25 kilos en un an. Pronostic Hashimoto. Le médecin m'a mis sous Lévothyrox@. Je pensais perdre mes kilos et à l'inverse, au bout de 3 mois, deux se sont rajoutés. J'ai sombré dans une bonne dépression. Une personne sur un groupe m'a conseillé le jeune intermittent. J'étais ravie, car au bout d'un mois, j'avais perdu 5 kilos. Seulement, mon organisme a morflé. Vertiges, maux de ventre, je me suis un jour réveillée aux urgences. Ma thyroïde s'était complètement détraquée, mon coeur avait flanché. Au final, j'ai énormément maigri à l'hôpital et je n'en suis même pas heureuse, car depuis, je n'arrive plus à travailler. »

 En résumé, j'ai juste envie de dire, il faut prendre son temps, perdre doucement, bouger, limiter le sucre, les graisses sans pour autant se priver. Des astuces diététiques montrent qu'il serait bon de finir par un thé ou une tisane sans sucre ou avec un édulcorant, mais ne pas finir un repas par un gâteau sucré. Boire beaucoup d'eau (excellent pour éviter une hypertension). Ne pas manger trop de féculents, choisir des légumes, mais pas trop tout de même, car l'intestin est particulièrement irritable avec Hashimoto. Si c'est trop dur seul, se faire aider par une diététicienne connaissant la pathologie.

Ne jamais se décourager ! Ne pas laisser les autres vous juger et surtout apprendre à s'aimer avec quelques kilos en trop. Éviter le stress qui fait grossir.

Il est bon de rappeler que malheureusement des malades en hyperthyroïdie contrairement à l'idée reçue peuvent aussi souffrir de prise de poids. Ce qui souvent fausse le diagnostic de certains praticiens.

Ce n'est pas facile de vivre avec une maladie qui change votre façon de vous voir, la façon dont les autres vont vous percevoir, mais il faut s'accrocher !

Idées fausses sur la thyroïde

Souvent, des affirmations sont dites avec force faisant douter les personnes qui débutent un trouble de la thyroïde. Rendons à César ce qui lui appartient !

Il est impossible de changer de traitement lors d'une prescription d'hormones de substitution !

Faux ! Le malade peut imposer un médicament plus qu'un autre. Souvent, les médecins ont des peudos engagements avec les laboratoires et vont prescrire une « marque » plutôt qu'une autre. Ce fut le cas avec la NF du levothyrox de Merck dont les médecins furent inondés sans trop savoir pourquoi. Aujourd'hui, depuis 2017, la lise sur le marché de plusieurs autres marques comme le TCAPS, le Tsoludose etc ont ouvert des possibilités. Ces traitements souvent non remboursés ont tout de même des avantages pour certains malades. Il faut bien comprendre que de nombreuses intolérances aux médicaments sont liées aux excipients et non à l'hormone de substitution.

Il faut voir impérativement un endocrinologue !

Faux. Même si ce sont des spécialistes, les nombreux retours montrent que souvent ils ne répondent pas plus aux interrogations des malades qu'un bon médecin de ville ou un homéopathe. Ces derniers pouvant prescrire bien évidemment un traitement pour un dysfonctionnement thyroïdien.

On peut guérir d'Hashimoto !
Faux également ! C'est une idée divulguée par certains malades qui souvent ont vu une amélioration. La maladie d'Hashimoto est une maladie auto-immune qui une fois enclenchée est à vie. Certains malades sont diagnostiqués avec juste quelques chiffres au-delà de la norme anticorps. Ce sont des réactions auto-immunes, mais non une réelle maladie Hashimoto qui peut disparaître. Par contre, une personne avec des anticorps supérieurs à 500 par exemple aura cette maladie à vie. Même si ses anticorps diminuent, le côté auto-immune restera et pourra se réactiver même dix ans après. On voit trop souvent l'idée fausse d'une guérison se propager dans des groupes de thyroïde décourageant les autres malades. Une amélioration est possible, mais ce n'est pas une guérison. Contrairement à un cancer dont une longue rémission signifie la guérison, avec Hashimoto, cela restera une rémission. On a vu des thyroïdites

destructrices survenir dix ans après une accalmie.

On peut stopper un traitement avec Hashimoto ou après une ablation de la thyroïde !
Faux. Un traitement pour une vraie maladie auto-immune de la thyroïde est à vie. Rappelons que cette maladie implique la destruction progressive de la thyroïde. Donc le corps aura un besoin vital d'hormones de synthèse. Pareil avec une ablation totale. Par contre une personne « au début d'Hashimoto », sans destruction, avec juste des symptômes peut se passer de traitement, mais en aura un jour ! Ce qui ne sera pas le cas pour les ablations totales.

Un dosage traitement thyroïdien va sans cesse augmenter.
Faux. Le dosage du traitement variera en fonction des symptômes et de la zone de confort du malade. (c'est ce qui fait dire à certains qu'ils peuvent s'en passer à vie) Une thyroïde enlevée ou détruite ne va pas repousser. Ce serait formidable ! Au mieux, on aura une accalmie. Cette « pause » permettra de baisser effectivement le traitement. Il y a quelques années, certains endocrinologues augmentaient le traitement en fonction du temps de prescription :

exemple six mois 75 ug, deux ans 90, cinq
ans 100, dix ans 200 etc
Ce n'est heureusement plus le cas ! Un
dosage trop fort et les symptômes d'hyper
vont apparaître. Il faut donc trouver le bon
dosage qui va fluctuer en fonction des
saisons et de la vie.

*Une échographie thyroïdienne est
indispensable tous les deux ans.*
Vrai et faux, tout dépend de la pathologie.
En cas de nodules ou cancers, c'est une
bonne chose. Avec une simple hypothyroïdie
ou une thyroïde Hashimoto, c'est totalement
inutile.

*Un dysfonctionnement thyroïdien est lié à un
problème d'absorption intestinale.*
Voilà une affirmation que l'on trouve
souvent et qui est prise comme une vérité
vraie. Certaines personnes développent une
maladie auto-immune (Hashimoto ou
autres) à cause d'un souci d'absorption, c'est
vrai, mais c'est loin d'une généralité puisque
cela ne touche que 33% des malades.
Pour les 33% la maladie verra des jours
meilleurs avec un régime alimentaire
permettant une meilleure absorption. Pour
les autres, ce type de régime sera totalement
sans effet. Après sans examen intestinal,
difficile de savoir s'il y a mauvaise

absorption ou non, alors pourquoi ne pas tester quelques mois et si aucun effet, trouver une autre option.

Elle allait bien hier. Elle affabule et joue la comédie.
Faux, bien sûr ! Tout le problème avec ces maladies thyroïdiennes qui font passer du soleil à la pluie en un claquement de doigts. Aucune personne ne choisit d'être malade. Aucune personne ne joue la comédie ou fatigue.

Il faut prendre beaucoup d'iode quand on a un problème de thyroïde.
Vrai et faux. Voilà une affirmation type qui montre que chaque personne est différente. Avec Hashimoto, il vaut mieux éviter la prise excessive d'iode (surtout non alimentaire) qui induira une hypothyroïdie. Par contre, en cas d'hypothyroïdies non auto-immunes, on va privilégier les aliments iodés. Mais avec modération.
« La thyroïde se protège contre un excès aigu en iode par une suppression de la métabolisation de l'iode, l'effet Wolff-Chaikoff. Une dysfonction à ce niveau amène à une hypothyroïdie ou à une hyperthyroïdie. »
Prendre du pamplemousse tous les matins ne gêne en rien un traitement thyroïdien.

Faux. « Le jus de pamplemousse est une excellente boisson, très intéressante pour ses propriétés nutritives et « détox ». Mais si l'on prend des médicaments, il est préférable de l'éviter. » Pourquoi ? Simplement parce qu'il contient de la naringénine, naringine et autres flavonoïdes comme la paradisine et, surtout, la bergamottine, qui peuvent constituer un danger, car ils modifient la réaction de l'organisme à l'égard de certains médicaments. Donc un jus de temps à autre, pourquoi pas, mais jamais deux jours de suite. Pareillement pour les médicaments en naturopathie à base de pépins de pamplemousse qui sont à prendre sur plusieurs semaines et peuvent changer l'absorption du traitement.

La maladie d'Hashimoto est reconnue et donne droit à l'allocation handicap.
Faux ! L'association l'envol du papillon se bat depuis huit ans pour cette reconnaissance indispensable pour ceux qui en ont besoin. Aucun mi-temps thérapeutique n'est validé avec cette maladie. On voit beaucoup de personnes affirmant être en invalidité reconnue sur les groupes. En creusant, on s'aperçoit que ces personnes ont souvent une autre pathologie, elle, reconnue. Pourquoi pas Hashimoto ?

Lorsque le coeur va vite, on est en hyper !
Attention aux conseils sur les réseaux
sociaux qui affirment ainsi.
Une étude récente a montré que les malades
atteints d'un dysfonctionnement thyroïdien
avaient plus de chance que les autres de
souffrir de problèmes de coeur.
L'hypothyroïdie peut déclencher de
l'athérosclérose, qui est une perte d'élasticité
des artères provoquée par une accumulation
de plaques de graisses à l'intérieur,
responsable de crises cardiaques ou encore
d'AVC.
On s'est aperçu qu'en cas d'hypothyroïdie,
le malade peut avoir un taux de cholestérol
élevé, toit comme un taux de sucre ou de
triglycérides.
Le coeur a besoin comme tout muscle
d'oxygène pour fonctionner et va recevoir
l'oxygène au moyen des artères coronaires
qui s'il y a un dysfonctionnement de la
thyroïde vont se boucher imposant alors un
apport d'oxygène insuffisant.
Pour 80% des malades en hyperthyroïdie, la
thyroïde est hyper stimulée, le coeur bat trop
vite, trop fort et on peut noter des
palpitations (ressenties aussi en hypo, mais
moins souvent). Ces palpitations génèrent de
fortes angoisses chez les personnes qui ont
peur que leur coeur lâche. On aura également
une élévation de la tension artérielle appelée

hypertension systolique. Normalement, la tension artérielle diastolique, c'est-à-dire celle dont le chiffre est le plus bas, n'est pas plus élevée. La contraction accélérée du coeur, qui entraîne un débit cardiaque accru, fait qu'on peut aisément sentir le pouls au poignet et contribue à la chaleur moite des mains.

Il est évident que le risque le plus grand sera l'infarctus du myocarde qui peut-être évité bien diagnostiqué et bien traité, en corrigeant avant tout autre traitement le problème de thyroïde.

À l'inverse, en hypothyroïdie, le rythme cardiaque sera bas, et le coeur plus lent (mais l'inverse est possible et ne s'explique pas)

On peut également noter un taux de cholestérol important malgré un régime strict ce qui énerve les malades qui ne comprennent pas. Éviter la prise de médicaments anticholestérol puisque le problème est lié à la thyroïde. Stabiliser, le taux de cholestérol redeviendra normal (sauf overdose de mal bouffe)

Une grosse hypothyroïdie non soignée peut entraîner une accumulation de liquides autour du coeur, d'où l'importance de traiter même une hypothyroïdie juste au-dessus des normes et ne pas attendre de voir exploser des plafonds à 10 de TSH ou plus qui vont abîmer le coeur.

On peut donc fort bien, une fois habitué à cette maladie, anticiper un gros dérèglement en faisant attention à son corps. Dès la survenue d'extrasystoles, c'est souvent une hypothyroïdie qui pointe son nez et un très léger ajustement du dosage remet tout en place, tandis qu'à l'inverse, un coeur qui va battre à 110 allongé va nécessiter une diminution du dosage.

Parfois, il en faut peu, et trop de médecins augmentent ou diminuent de 50 ug en 50 ug. Il est évident, une fois encore, que chacun est différent, qu'il vaut mieux un avis médical, surtout si on débute la maladie.

Le traitement par les gouttes de L_Thyroxine Serb n'est que pour les enfants !
Faux.

Tout d'abord je rappelle que depuis 2017, les gouttes sont prescrites à tous. Elles doivent être conservées au frigidaire sans variation de température. Elles ont l'avantage d'être assimilées directement par le corps contrairement aux comprimés dont la dispersion est plus longue.

Certains malades se plaignent qu'au bout de plus vingt jours, la forme semble moins grande. Ce qu'il faut savoir c'est que le médicament peut s'altérer même au frigidaire et sans perdre la totalité de ses effets, il peut y avoir une baisse de l'efficacité.

Comment y palier ? Un pharmacien m'a expliquéqu'il suffisait de changer de flacons toutes les 25 jours au lieu de tous les mois. Ce problème ne concerne que ceux qui ont moins de 16 gouttes journalières, bien sûr.Un flacon contient en moyenne un traitement pour 30 jours à raison de 16 gouttes.

Les médecines douces peuvent relmplacer un traitement à base d'hormones.
Personnellement, et cela n'engage que moi, je pense qu'une maladie comme Hashimoto doit avoir un traitement à partir d'hormones de synthèse. Par contre, l'équilibre que l'on obtient à partir de ce traitement est loin d'être idéal et on peut se tourner vers les médecines douces, pour aider, comme l'homéopathie pour tous les troubles de tension, de rétention d'eau, digestifs, l'aromathérapie, la sophrologie ou la méditation pour aider à réguler le stress. Rien n'est nocif pour le corps si c'est pour l'aider à aller mieux ! Ce qui convient aux uns ne va pas nécessairement convenir aux autres. Il faut chercher ce qui va nous faire le plus de bien.

Maladies thyroïdiennes : tu as dit fatigue ?

Ah cette fatigue que connaissent toutes les personnes sujettes à un dysfonctionnement thyroïdien ! Cette fatigue persistante, imprévisible, qui survient toujours quand on ne l'attend pas. Cette fatigue réellement handicapante. Je ne comprends toujours pas au jour d'aujourd'hui pourquoi ces maladies thyroïdiennes, en dehors des cancers thyroïdiens, et encore pas tous, ne sont pas reconnues par le ministère de la Santé. Des maladies invisibles comme la fibromyalgie sont, elles, reconnues et de ce fait comprises, ayant même un jour qui leur sont dédiées, des émissions de télé consacrées, voire des gens du spectacle qui en parlent. Ce n'est pas le cas pour les maladies thyroïdiennes, et pourtant il en existe des dysfonctionnements comme la maladie d'Hashimoto, la maladie de Basedow, les dérèglements liés à des suites de couches, à des grossesses, les problèmes de naissance sans thyroïde ... Trop longtemps, on a attribué ces dysfonctionnements spécifiquement aux femmes, alors qu'il n'en est rien et que le nombre d'hommes est en augmentation constante. Il est même très important de souligner que le diagnostic d'un dysfonctionnement thyroïdien chez un homme est très souvent détecté très tardivement.

De nombreux témoignages montrent des licenciements abusifs liés à cette fatigue. Notre société n'accepte pas la fatigue au travail. Si on a deux jambes qui fonctionnent, on doit, on peut, aller travailler sans se plaindre.

J'ai entendu dernièrement que l'endométriose par exemple était une maladie enfin reconnue à laquelle des jours vont être octroyés aux femmes en souffrance, je m'interroge donc : pourquoi n'en est-il pas de même pour une maladie thyroïdienne ?

Une fois encore, il faut bien le dire un dysfonctionnement thyroïdien ne se voit pas. La personne en général a plutôt bonne mine. Tous ses symptômes sont invisibles. Et même si elle se permet d'en parler, nombreux sont ceux qui vont lui rétorquer que ce n'est pas bien grave. Mais qui peut juger de la gravité d'une souffrance ? Prenons l'exemple de la mémoire qui se retrouve souvent altérée en hypothyroïdie. Comment expliquer à une personne inconnue, un professeur à l'université, un patron, que soudain, même si on a un âge qui n'est pas celui de la sénilité, on a énormément de mal à retenir une information, à la restituer, à se souvenir, même de ce que l'on nous a dit la veille. Comment faire comprendre que ce n'est pas de la mauvaise volonté, que l'on ne le fait pas exprès, que c'est lié à cette petite glande méconnue nommée thyroïde ?

Dernièrement au centre commercial, une jeune femme d'une trentaine d'années était bloquée devant son code bancaire. Fondant en larmes, elle regarde la caissière et lui dit : j'ai un problème de thyroïde. Je n'arrive plus à me souvenir !

Étant positionnée derrière elle, je lui dis de bien respirer, de faire le vide et le code allait revenir, ce qui fut le cas. J'en ai profité pour expliquer à la caissière abasourdie ce qu'était cette maladie qui effectivement ne se voyait pas sur les traits de cette jeune femme. Mais combien de personnes osent vraiment en parler ?

Une adhérente de l'association *l'envol du papillon* m'écrivait récemment qu'elle avait honte d'être malade ! Que sa famille la traitait de folle !

Cela fera peut-être sourire certains, mais n'oublions pas qu'au siècle dernier les problèmes de thyroïde n'étaient pas soignés et souvent les malades étaient déclarés «

débiles ». De nos jours, le regard est plus subtil, mais il n'en est pas plus bienveillant (malheureusement !)

Pour en revenir à la fatigue, pour ceux qui ne l'ont pas vécue, c'est une fatigue particulière. Comme si on avait subitement coupé le bouton énergie. On se sent vide dès le lever, avec le corps lourd, parfois douloureux. De nombreuses personnes connaissent la fatigue en fin de journée après avoir travaillé. Là avec un problème de thyroïde, c'est autre chose. Le malade a dormi et pourtant il n'est pas en forme et il ne le sera pas de toute la journée. Il est important que l'on parle de cette fatigue, de ces pathologies, car vous qui n'êtes peut-être pas concerné, imaginez un seul instant la vie d'une jeune maman de plusieurs enfants qui en plus de la fatigue que tout le monde a, se retrouve en plus avec ce surplus, imaginez votre collègue infirmière ou aide-soignante qui doit être au taquet, qui essaie, mais qui n'en peut plus, imaginez l'enseignante de vos enfants qui victime de cette maladie n'arrive plus à se concentrer et à faire un programme correct, et ce chauffeur de taxi qui peine à conduire vite un client, même ce médecin qui doit réfléchir longuement sur un cas, n'arrivant plus à ordonner ses idées. Nous ne sommes pas dans une série télé et ces exemples ont tous existé.

Alors, il faut en parler ! Pourquoi les magazines de Santé ne parlent-ils que des cancers thyroïdiens (et encore, vite fait et sans parler des conséquences des ablations) ou du problème des traitements ?
Pourquoi personne ne parle des malades ?

La difficulté de vivre avec un dysfonctionnement de la thyroïde

Les témoignages

Katrina

Sept ans. Déjà ! Elle en était à ne pas savoir le nombre exact d'années. C'était comme s'il y avait eu un « avant » et un « après ». On lui avait conseillé ce spécialiste. Elle allait tenter, sans conviction. Elle ne croyait plus en rien.

Tout avait commencé par ces soucis au travail. Enfin, soucis est un euphémisme. Elle avait vécu un véritable enfer. Pourtant Katrina aimait son job. Elle ne l'avait pas choisi au hasard. Il lui correspondait parfaitement, mais il y avait eu cet homme, son patron, un type que tout le monde détestait. Pourquoi était-elle devenue son bouc émissaire ? Nul ne pouvait le dire. Une chose était sûre, elle avait subi jour après jour des remarques acides, des réflexions déplacées, jusqu'au jour où il avait levé la main sur elle. Traumatisée, elle avait sombrée dans une dépression, une descente brutale dans un puits sans fond. Avant, elle était toujours positive, pleine de vie, heureuse entre un gentil mari et une adorable petite fille. Mais c'était avant. Tout changea brutalement.

Elle devint fantomatique, au sens propre comme au figuré, puisqu'elle perdit treize kilos en un claquement de doigts. Personne ne la reconnaissait plus, comme si un magicien lui avait jeté un sort en changeant sa personnalité jusqu'à effacer de sa mémoire son mari et sa fille. Son état s'avérait si alarmant qu'elle sombra dans le coma. Curieusement, on commença alors un peu à s'intéresser à son cas, comme s'il fallait toujours frôler l'extrême pour montrer que l'on existe.

Un premier diagnostic fut posé, maladie de Basedow. Facile, la mère de Katrina était atteinte de cette maladie. Pour les excuser, nous dirons juste que la perte de poids est effectivement fréquente avec cette maladie qui est souvent liée à une hyperthyroïdie. Malheureusement, le diagnostic étant faussé, les soins furent inefficaces. Sept ans de vie fichue à chercher un moyen de se sentir mieux. Sept ans avant d'avoir enfin un toubib qui avait testé les fichus anticorps anti-TPO montrant une maladie de type Hashimoto. Une fois encore la question du pourquoi se posait.

Comment se fait-il que le diagnostic n'ait pu être pensé plus tôt ? Pourquoi dès les premiers symptômes de confusion mentale, un bilan thyroïdien plus poussé n'avait-il pas été pratiqué ?

Ce n'est pas remboursé ? Et alors ! Il serait peut-être temps que cette maladie soit un peu mieux considérée. Ce n'est pas rien sept ans à se sentir affaiblie, à ne plus savoir qui on est, à ne plus croire en la vie. Un dixième de temps de vie détruit.

Entendez la douleur de **Sonia**, 17 ans Hashimoto depuis déjà deux ans, trop jeune pour être malade et pour se dire que l'on va avoir un traitement à vie. Le pire ? Ses rapports avec les autres qui ne comprennent pas. Elle a essayé d'expliquer à ses camarades qu'elle vivait plutôt bien, mais que cela l'obligeait à manquer des journées de cours, la rendant parfois malade, toujours fatiguée. En retour, elle s'est heurtée à une totale incompréhension, « Je suis une paresseuse. J'abuse. » Le pire fut le jour où ma meilleure amie me lança d'un air dédaigneux : « Tu pourrais bien faire un effort, non ? Moi, je sors même avec un bon rhume. Toi, tu n'as qu'un comprimé à prendre le matin. Ce n'est rien ! » Alors elle en a eu marre que personne ne la comprenne. Elle ne faisait pas exprès d'être en forme un jour, et le lendemain d'être une loque, elle ne faisait pas exprès de ne plus pouvoir d'un seul coup si concentrer. Elle finit par ces mots « Si vous voulez savoir ce que je ressens, prenez ma maladie et vous verrez ! » Annita me laissa ces mots : « Suite à une grosse fatigue, on me trouva une hypothyroïdie. Je fus bien suivie. Seulement cette maladie me fit grossir, beaucoup. La pré-ménopause s'installa (j'avais quarante-deux ans). Je me sentais bouffie, gonflée, pleine de cellulite. Ce fut le moment que choisit mon mari pour faire sa crise du « démon de midi ». Il me trompa avec une femme plus jeune. Je perdis confiance en moi. Je perdis mes amies par la même occasion à cause de mon agressivité permanente. J'en avais assez d'écouter leurs histoires, leurs plaintes. J'avais envie de leur dire ce que je ressentais mais moi, on ne m'écoutait pas. On ne m'écoute jamais. Il faut parler le plus fort pour être entendue. J'ai divorcé et je me suis retrouvé toute seule à cause d'une maladie que je n'ai même pas choisie ! »

Comment un individu sensé peut-il se trouver rejeté par quelqu'un se prétextant son ami pour cause de maladie ? Je suis peut-être une idéaliste mais pour moi, l'amitié ne meurt jamais. Certes, lorsqu'on est au début de cette maladie, on n'a guère envie de se tourner vers les autres. La peur est en nous. Elle est notre compagne, toujours présente. Sans parler des questions qui nous vrillent la tête, les « pourquoi moi ? ». Bien malgré soi, on se retrouve face à une grande culpabilité. Coupable de s'autodétruire, coupable de ne pas avoir été capable de stopper ses propres anticorps. Allez faire comprendre cela même à votre meilleure amie. Elle vous regardera sans rien dire, en compatissant. Au pire, vous percevrez dans son regard une certaine pitié, inconcevable, insupportable. Cercle vicieux. On s'en veut. On en veut aux autres. On se ferme. On voudrait être comprise sans avoir rien à dire. Les vrais amis sont ceux qui restent, qui ne posent pas de questions, qui ne jugent pas.

Marine m'a écrit avoir perdu tous ses proches, se murant dans une forme d'isolement, fuyant le monde. Au final, c'est le monde qui l'a désertée. En plus de l'immense souffrance de se savoir malade, elle s'est retrouvée isolée, séquestrée par cette maladie. Et le jour où elle a refait surface, elle s'est retrouvée dans un monde vide où plus personne ne l'attendait. Toutes ses amies l'avaient quittée. L'amitié n'est-ce pas d'être là aussi dans les moments difficiles ? Même sans rien dire, car parfois on ne sait pas quoi dire, mais être juste là ?

Janine, elle, dépressive à cause de ce dérèglement thyroïdien s'est coupée de ses enfants, de son travail. Elle s'est retrouvée hospitalisée en hôpital psychiatrique où elle a vécu plusieurs mois au milieu de personnes bien plus atteintes. Elle se savait différente, ne cessait de le dire au milieu hospitalier qui lui répondait juste : « Ils disent tous cela. » Mais non, elle savait que ce n'était pas psychologique. Elle sentait son corps partir en lambeaux. Personne ne s'inquiétait de ses règles qui duraient des jours et des jours, de ses tremblements, du froid qui l'habitait. Elle fut bourrée d'antidépresseurs pour qu'elle se sente mieux. Ce ne fut pas le cas. Elle n'allait pas mieux, elle pleurait tout le temps. Ses enfants cessèrent de venir la voir, ses amies aussi. Ses seuls contacts étaient ces patients qu'elle croisait chaque jour en salle commune. Elle avait l'impression d'être une extraterrestre au milieu d'un monde inconnu. Elle continua de se détériorer, de se perdre, jusqu'au jour où un étudiant en stage psychiatrique l'écouta décrire ses symptômes. Elle était dans cette prison depuis des mois ! Il lui sourit. Enfin ! Un sourire que l'on offre à un être humain. Il demanda une analyse sanguine poussée. On lui découvrit une TSH à plus de 50. Curieusement, cette fois, on vint s'occuper d'elle, échographie, examens et verdict, syndrome d'Hashimoto. Elle n'était pas folle ! Elle pouvait mettre un nom sur sa souffrance. On lui administra immédiatement un traitement de substitution qui fit très vite son effet. Lors de son entretien de sortie, elle se retint pour ne pas cracher au visage de son psychiatre, qui n'osa pas l'affronter les yeux dans les yeux. Elle retrouva en six mois sa bonne humeur, sa vitalité et surtout balança toutes ses pilules roses à la poubelle. Aujourd'hui, elle va bien. Bien sûr, sa thyroïde continue sa dégradation par palier, mais son traitement est là pour l'aider. Plus jamais d'antidépresseurs ou de drogues. Elle se l'est juré.

Nul besoin d'être un super héros pour sauver un malade. Il suffit juste d'être à son écoute. Je le redis. Je n'ai pas la prétention d'apporter des faits nouveaux concernant cette maladie. Il y a déjà de nombreux livres spécialisés sur le sujet. Je ne suis pas médecin, juste une malade comme vous, décidée à secouer les mentalités, parce que trop peu d'informations nous sont offertes. Le besoin d'être entendu est important. Notre société juge, critique, montre du doigt tout ce qui n'est pas dans la norme, cette norme instaurée par des hommes, cette norme que l'on a décidée comme vraie. Comment un individu peut-il juger la souffrance d'une autre personne ?

Il n'y a pas d'échelle pour mesurer la douleur mentale, il n'y a pas de règle pour définir qu'une personne a plus mal qu'une autre. Je refuse que l'on mette la population mondiale dans un même sac. Nous ne sommes pas des objets, mais des individus avec des émotions, des réactions, des sentiments. Une maladie comme celle que je vis au quotidien peut s'avérer supportable la plupart du temps, et j'ai cette immense chance, mais d'autres vivent un enfer. Est-ce une raison pour les montrer du doigt ? N'y a-t-il que les handicaps que l'on voit qui ont droit à la compassion ? Une personne dépressive va parfois escalader des montagnes, seule, sans un regard de compassion, parfois obligée de cacher son problème simplement parce que le montrer serait une condamnation à mort ! Comment ces personnes peuvent-elles un jour retrouver la paix si on leur fait croire qu'elles vont bien, alors qu'elles souffrent ? Face au burn out, nous assistons dans le milieu du travail à des réactions de plus en plus égoïstes, nous vivons de plus en plus sous pression. Il faut des résultats, peu importe comment les obtenir. Toujours plus, peut-être simplement pour faire oublier ce qui ne va pas.

Notre siècle devrait vivre sans ces douleurs. Il a sa disposition des moyens qui n'existaient pas avant. Peut-être devrions-nous simplement réapprendre à regarder l'autre avec de nouveaux yeux ? À accepter que l'autre puisse être différent ? Pour ne reprendre que le cas des maladies thyroïdiennes, je vois parfois des commentaires sur les groupes d'une grande violence même si c'est inconscient. Un malade a le droit de dire qu'il va mal. Il a le droit de ne pas se sentir bien même s'il a une norme correcte. Il a le droit de vouloir être écouté, cela ne veut ni dire qu'il est douillet ni paresseux. On n'aura pas plus de médailles ou de reconnaissance à taire sa douleur. J'en sais quelque chose, ayant par orgueil (car j'ai conscience aujourdhui que ce n'est que de l'orgueil) refusé de m'arrêter durant plus de 35 ans.

Acceptons ces maladies invisibles, osons en parler sans honte, quant aux médecins et soignants, écoutez ce que l'on vous dit sur notre corps, sur notre ressenti. Essayez pour une fois, même si ce n'est peut-être pas votre rôle, de vous mettre à notre place. Afin que tous ces handicaps invisibles soient moins lourds à porter.

Témoignage de **Christine**, 39 ans
J'ai l'impression que les médecins de nos jours ne savent plus écouter leurs patients, en

général la consultation dure cinq minutes, et la plupart du temps, nos malaises sont juste, pour eux, d'ordre psychologique. J'ai aussi l'impression que souvent nous en savons plus qu'eux sur cette maladie et qu'ils feraient mieux de consulter plus souvent leurs manuels médicaux ou les différents sites Internet sur la question. À quoi nous servent ces consultations si ce n'est à renouveler notre ordonnance de Lévothyroxine® ? Ce fichu traitement est à vie ! Rien ne fera disparaître notre maladie alors pourquoi certains continuent-ils à nous dire que c'est psychologique alors que six millions de français sont atteints de maladies thyroïdiennes ? De toute façon, à chaque fois que je vais chez mon médecin, je ne sors jamais rassurée, et je n'ose même plus parler de mes problèmes. Que l'on ne s'étonne pas que beaucoup se tournent vers des médecines alternatives car là, on est vraiment entendus.

Marie-Louise, 56 ans

Vous voulez mon avis sur les médecins ? Vous n'allez pas être déçus. J'ai traîné une hypothyroïdie pendant huit ans. J'avais froid, j'étais mal, déprimée. Mon taux de TSH était limite supérieure. Jamais mon médecin ne m'a recherché les anticorps. J'ai été en arrêt de travail plusieurs mois. Je grossissais, alors que je ne mangeais rien. Un jour, j'ai été prise de tremblements et de palpitations. J'ai appelé un urgentiste qui m'a, de suite, demandé si j'avais des soucis de thyroïde. Je lui ai montré mes analyses. Il ne m'a prescrit aucun traitement, m'a juste donné une analyse à faire et laissé son numéro de portable. J'avais donc une recherche d'anticorps qui s'est révélée positive à plus de 600. J'étais Hashimoto. Je fus mise sous traitement de substitution et un an après, je revis même si j'ai des rechutes régulières, mais je revis. Le comble, je suis retournée voir mon médecin traitant avec mon ordonnance de Lévo et mes analyses. Il m'a ri au nez me disant que je chipotais. Ce jeune médecin urgentiste m'a sauvée mais cela n'aurait-il pas dû être le travail de mon médecin traitant ?

Élodie, 32 ans
Eh bien, moi, je fais partie des malchanceuses. La découverte de mon hypothyroïdie d'Hashimoto s'est faite tardivement, car j'avais peu de signes avant-coureurs si ce n'était une fatigue latente qui pouvait être imputée à un travail exténuant. Résultat, je fus shootée aux vitamines et magnésium durant plusieurs mois. Jusqu'au jour où une gêne pour avaler me fit consulter. Ma maladie fut diagnostiquée à ce moment-là. Je suis allée faire une

échographie et là, présence de nodules à l'aspect douteux. Direction l'hôpital pour une cytoponction. Je ne savais pas trop ce que c'était. J'étais morte d'angoisse et personne ne me répondait, personne ne voulait me dire ce que j'avais. Juste que j'étais un cas rare car atteinte de la maladie d'Hashimoto au vu des anticorps et des nodules. Je n'ai pas compris ce qui m'arrivait. Je fus opérée en urgence. On m'a enlevé la thyroïde. Je me suis retrouvée avec une cicatrice chéloïde, un immense truc rouge boursouflé sur le cou. Je pensais que c'était fini, que j'allais retrouver la santé. Rien. On ne me disait rien. On m'a prescrit une cure d'iode. Je ne comprenais pas pourquoi. Les soignants m'ont fait comprendre que je n'étais pas le cas le plus grave. On ne m'en a pas dit plus. Résultat, j'ai angoissé toute seule. Je n'étais plus qu'un numéro de dossier. Mes états d'âme, on s'en fichait, les effets secondaires aussi. J'avais un cancer qui se soignait, je n'avais pas à me plaindre et pourquoi étais-je si mal ? Il me fut impossible de vivre comme avant, après cette maladie. D'abord parce que j'avais de gros coups de fatigue qui pouvait me terrasser d'un coup. Je ne recevais aucune aide. Le chirurgien, seule ma cicatrice l'intéressait et pourtant elle n'était pas jolie. Je fus orientée vers un endocrinologue qui se moquait de mes douleurs et de mes états d'âme ne cessant de me dire « Vous avez eu de la chance » De la chance ? Sérieux ? Ce n'est pas lui qui venait de perdre son job parce que trop fatiguée, je n'avais pas eu mon CDD renouvelé ! Aujourd'hui, je survis car sans thyroïde mon corps déguste, j'ai différents traitements qui compensent, mais ce n'est pas ça. Non ! Je n'ai pas eu de chance, et je reste persuadée et que l'on aurait pu me trouver ma maladie avant que ces nodules se cancérisent. »

Olivia
Des années pour trouver que j'avais Hashimoto, des mois ensuite pour avoir un traitement correct et quand je vais voir l'endocrinologue, c'est juste dix minutes de consultation montre en main. Il renouvelle mon ordonnance, me regarde toujours avec un air à se moquer du monde. Pourquoi ces types ont- ils choisi cette spécialité s'ils ne savent pas entendre les problèmes qui y sont liés ?

Et les médecins, qu'en pensent-ils ?
Suite à la première parution de ce recueil, une cinquantaine de médecins généralistes ont réagi très positivement, allant jusqu'à remercier cette initiative. Je n'ai eu, par le

biais des patientes, que quatre retours agressifs de toubibs qui se disaient vexés que l'on ait pu mettre en doute leurs capacités.

Témoignage de **Gérard** D. médecin, région du centre
Médecin de campagne depuis plus de trente ans, j'avoue à ma grande honte n'avoir que de très vagues souvenirs de mes cours d'endocrinologie. Contrairement à certaines autres maladies auto-immunes comme le diabète, la maladie d'Hashimoto n'était, juste qu'un nom oublié, lorsque vous m'avez contactée. L'hypothyroïdie, oui, je connaissais et traitais des femmes avec une TSH supérieure à la norme des laboratoires, mais Hashimoto ? Un grand mystère. Quelle honte pour moi de découvrir que certaines de mes patientes, toujours frigorifiées et dépressives depuis plus de dix ans, avaient en fait une augmentation de leurs anticorps et devaient avoir une TSH autour de 1 ! Plusieurs de mes malades sont aujourd'hui sur pied, heureuses sous traitement de substitution. Dire que c'était si simple.

Jean-Noël, endocrinologue
Par le biais de Linkedin, je vous soumets mon témoignage et vous félicite pour votre ténacité.

Je suis spécialiste des maladies endocrinologues et je reconnais ne pas apporter toute l'aide aux malades Hashimoto. C'est une maladie qui, pour moi, est simple. La glande ne fonctionne plus. Il n'y a rien à faire. On n'en meurt que rarement. Ce n'est pas un cas intéressant. J'ai certainement tort. J'ai bien lu votre volonté de faire connaître ce dérapage et vous avez raison. Nos années de médecine nous poussent à toujours aller plus loin, à découvrir de nouveaux traitements et on en oublie l'essentiel : le malade. Je soutiens votre projet même si je souhaite conserver l'anonymat. Je risquerais de perdre des malades.

Françoise L., homéopathe
Je pense faire partie des médecins à l'écoute de leurs patients. Je passe en moyenne trente minutes et parfois presque une heure avec chacun d'eux. J'évite, au maximum, les médicaments allopathiques mais pour une maladie Hashimoto, je prescris toujours du Lévothyrox® car cette hormone de substitution est indispensable. Ensuite, j'aide mes patients avec des traitements homéopathiques pour atténuer les troubles. Je constate que de plus en plus de malades sont atteints de thyroïdites ou de maladies Hashimoto ou Basedow. Je suis de votre

avis. Il faut les écouter car ces maladies peuvent être dramatiques dans la vie quotidienne.

Une jeune interne que je connais personnellement m'a confirmé que le nom d'Hashimoto avait juste été cité entre deux notions lors d'un cours théorique à la fac de médecine. Seuls ceux qui font un cursus ou un stage en endocrinologie comprennent. Serait-ce parce que le diabète est plus approndi ? Et pourtant, 4 millions de diabétique en France contre 3,5 millions avec un dysfonctionnement (sachant que son comptabilisés que ceux ayant un traitement)

Vanessa (Cette jeune femme de vingt-quatre ans lance un SOS poignant.)
Je suis depuis cinq ans avec un problème de conversion de T4 en T3. J'ai une TSH dans les normes et aucun médecin ne veut me soigner. Résultat, je prends un kilo par mois, exténuée, au bord des larmes, avec un gros soucis de mémoire et de transit. Ma vie est un véritable enfer. Mes anticorps montrent que je suis atteinte de la maladie d'Hashimoto. Pourquoi personne ne s'intéresse à mon cas ? Pourquoi suis-je jugée insignifiante ?
Valérie C.

Un an que je traîne une fatigue énorme avec vertiges, douleurs musculaires. Depuis un mois, je rencontre des pertes de mémoire, que j'oublis de dates ou que je perds des papiers. Je n'arrive plus à me concentrer. Mes taux sont les suivants, TSH à 4,25 (norme à 4,20). Mon médecin me dit que c'est normal, que je fais de la comédie. J'ai quarante-neuf ans. C'est la pré-ménopause. Moi, je sais que quelque chose ne va pas, que tout va mal. J'ai réussi en tombant sur un forum à me faire faire une ordonnance pour une recherche d'anticorps. J'en ai plus de 800 alors que je dois être sous 27. Le toubib m'a juste dit : « Ce n'est pas un cancer alors cessez vos gamineries. C'est juste une petite maladie auto-immune. Vous survivrez. » Alors oui, je survis mais mal ! Je lis partout que je devrais avoir un traitement. Pourquoi m'a-t-on oubliée ?

Erika
Des médecins, des généralistes, j'en ai vu plein depuis que je suis atteinte de la maladie d'Hashimoto. Force est de constater que la plupart n'en ont rien à faire, que mes symptômes leur passent au-dessus de la jambe. J'ai même eu un endocrinologue qui a voulu me tester comme cobaye afin de voir mes réactions sans « Lévo ». Quelle idée géniale ! Six mois de véritable enfer ! Je me

suis retrouvée dans un état pitoyable, un vrai légume, ne pouvant même plus me lever le matin. Il m'a fallu des mois pour que tout se remette correctement, après que j'ai insisté pour reprendre mon dosage habituel. Je ne comprends toujours pas comment un « spécialiste » peut ainsi jouer avec notre santé.

Que dire du témoignage de **Janett** ?
Boulersant !
« Après un parcours chaotique, un divorce et la galère des petits boulots précaires pour élever seule un enfant de cinq ans, sans véritable profession (conjointe collaboratrice sans revenus et pas déclarée à une époque où ce n'était pas obligatoire), j'ai fini par faire un burn out à la suite de deux années de harcèlement moral, un licenciement abusif et deux années de dossiers et de démarches pour obtenir au moins mon dernier salaire , les nombreuses heures supplémentaires et les congés impayés. J'avais un avocat qui n'a pas souhaité plaider le harcèlement moral, trop difficile m'a-t-il dit ?
Insomnies, cauchemars, crises de panique et énormes difficultés d'argent, j'ai heureusement pu boucler un dossier retraite anticipée pour incapacité.
La vie me semblait belle et légère, malgré un corps dont j'avais la sensation bizarre d'une

mise au ralenti, et le cerveau qui se mettait en veille. Une autonomie de quelques heures par jour, une batterie à plat, le coeur qui s'affolait, plus de souffle, plus de forces... et puis la perte de connaissance sur un trottoir, les urgences, mon médecin qui se moque un peu quand je lui demande de vérifier du côté de la thyroïde, comme ça, une intuition. Bingo, une thyroïdite d'Hashimoto, ce grand mystère, cette compagne de vie dont il faut faire connaissance, qu'il faut apprivoiser mais qui reste imprévisible, comme quelque chose de sauvage, un danger obscur qui plane et se pose quand bon lui semble. Tout devient très compliqué, la moindre sortie devient insécure, j'ai peur d'avoir un malaise en présence de ma petite fille, il n'y a plus d'avenir, plus jamais d'insouciance, la vieillesse semble multipliée par deux, je n'ai rien d'une jeune retraitée de 64 ans, j'ai cent ans !

J'avais l'espoir de trouver le bon dosage de Lévothyrox lorsqu'il a été remplacé et là j'ai le sentiment d'avoir vraiment perdu sept ou huit mois de ma vie, d'être devenue une épave !

Des bouffées de chaleur constamment, avoir froid, très froid, puis chaud, très chaud, comme une seconde période de ménopause. J'avais toujours été mince, et voilà qu'il devient impossible de m'habiller, kilos, gonflements, perte des cheveux, les dents qui s'effritent, les ongles qui deviennent striés, cassants. Mais le pire ce sont les chutes, brutales, rien à voir avec des vertiges, non, les jambes ne peuvent plus, c'est tout, et cette angoisse permanente de chuter. Donc je sors le moins possible, je n'ose plus ! Et des problèmes de vision, baisse d'acuité visuelle mais surtout une difficulté à me situer dans l'espace, se garer devient un cauchemar. C'est drôle, je me rends compte que j'ai déjà oublié le moment où avaler le comprimé était de plus en plus difficile parce que j'avais vraiment la sensation d'avaler un poison violent, qui brûlait la bouche, l'oesophage, l'estomac ! Des brûlures dans le nez, des petites plaies, au coin des yeux aussi. Des douleurs dans la gorge, dans le cou, dans les oreilles.

Un vrai jeu de piste !

Quant aux réactions des professionnels de la santé, il en a été beaucoup question, et je confirme que redouter d'aller à la pharmacie par crainte d'un stress supplémentaire, eh bien ça n'aide pas !

Par chance j'ai été très bien accueillie et suivie par téléphone après avoir signalé les effets secondaires, et il a été admis que certains des effets ressentis étaient dûs au médicament.

La TSH était remontée, mais je n'ai plus fait de contrôle depuis Aôut, j'ai eu L-thyroxine à Noël, comme un cadeau ! Je revis, petit à petit, je perds un peu mes pantalons, et nettement moins mes cheveux qui se sont d'ailleurs remis à pousser normalement. Et surtout, je recommence à avoir des projets, de tout petits projets, mais la différence est énorme !

C'est comme après une catastrophe, je me sens un peu hébétée mais en vie, même si j'ai le sentiment que plus rien ne sera jamais comme avant, le paysage a changé, les gens se sont révélés aussi peu fiables, aussi peu compatissants, aussi peu responsables que je le craignais.

Avant je me sentais incassable, vulnérable certes, mais je n'aurais jamais cru possible de devenir cette chose laide, vieille, fragile et totalement handicapée de l'intérieur, et tout ça en quelques mois ! Il y a quelques jours ma petite fille m'a dit : « Tu te souviens Mamie, quand j'étais petite (elle a 4 ans et demi !) Tu jouais à courir avec moi, et on dansait toutes les deux ! Et plus maintenant. »

Et pourtant... je passe des nuits totalement blanches, c'est pas grave, j'ai le temps, et puis avoir des problèmes de mémoire ça me permet de relire les mêmes livres, de revoir les mêmes films, sans jamais me lasser, mais danser, ça me manque ! »

Vous continuez à être convaincus que c'est une maladie psychologique ?
Janett met l'accent sur la mémoire ralentit avec Hashimoto, pouvez-vous prendre conscience que cet handicap invisible est terrible ? La thyroïde, en hypo, va ralentir le système endocrinien, s'attaquant à notre mémoire en générant des troubles divers et variés.
Dernièrement, une relation travaillant dans un institut spécialisé pour malades de la mémoire m'a raconté s'être occupée d'une résidente de soixante-deux ans diagnostiquée atteinte de sénilité précoce. La brave dame était toujours fatiguée avec d'énormes trous de mémoire. Au bout de six mois, son état s'aggravait, perte de cheveux, jaunisse etc. L'aide soignante, que je connais, osa discrètement demander si la dame ne pourrait pas avoir un bilan TSH. On lui répliqua avec mépris que ce bilan avait déjà été fait et que la patiente était dans les normes avec 4,25. Ne lâchant pas le morceau, elle-même atteinte d'Hashimoto, elle insista et demanda la prescription des TPO, faits avec réticence. Bingo ! La malade était bien Hashimoto et fut immédiatement

transférée dans un centre de soin. Un an après, elle a pu retourner vivre chez elle ! Que dire ? Qu'elle sera peut-être un jour Alzeihmer ou autre, mais il serait temps de ne pas laisser de côté les autres signes.
Tout médecin ayant fait une fac de médecine sait qu'un dérèglement de la thyroïde induit des soucis de mémoire, des dépressions, des sautes d'humeur. Pourquoi se contentent-ils donc de ne chercher que cette fichue TSH ?

Perdre la mémoire est une chose terrible, buter sur ses mots, se sentir confus est une vraie souffrance pour un malade pouvant justement le conduire à une dépression. Il faut agir avant les signes ! Je pense que chaque personne ayant une TSH un peu haute, recherche qui devrait être aussi systématique qu'un frottis, devrait automatiquement avoir une recherche d'anticorps.
On ne badine pas avec notre équilibre et je suis convaincue qu'un bon diagnostic éviterait même des dépenses de sécurité sociale inutiles.
Ne pas minimiser la souffrance d'une personne qui oublie, cherche, n'arrive plus à réfléchir. C'est dur ! On croit devenir fou surtout lorsque l'on n'est pas encore en âge d'être bonne pour la casse.

J'ai eu l'immense chance de rencontrer un médecin compétent lorsque je fus diagnostiquée. J'aime le redire, car ce fut pour moi un choc terrible. Hormis les troubles de mémoire, la difficulté parfois à trouver mes mots, je me suis mise à inverser sans en avoir conscience les syllabes. Croyez-moi, c'est très angoissant, même si cela faisait beaucoup rire mes élèves à l'époque. Si j'étais tombée sur un incompétent, je suis certaine qu'il m'aurait mis en arrêt pour dépression ou troubles psychiatriques, ce qui aurait fait plaisir à ceux qui m'ont poussée dans le trou. Certains jugent si vite un comportement sur le paraître sans l'analyser.

Ce témoignage **d'Emilie L** est d'une force, peut-on rester insensible, sans empathie ?

« En février 2016, je sentais que quelque chose ne tournait pas rond. De nature très calme, je m'énervais facilement. Je travaillais de nuit en cancérologie pédiatrique, et alors que mes collègues avaient toujours froid, je me liquéfiais sur place. J'avais 36 ans à l'époque, un peu jeune pour être déjà en ménopause. Je n'arrivais plus à marcher sans être essouflée, mon cœur s'emballait jusqu'à atteindre 150 pulsations au repos. Je ne dormais plus.

J'étais épuisée. Le jour où je n ai plus
contrôlé le tremblement de mes mains, j'ai
su qu'il était temps de consulter. Une prise
de sang, et ma vie a basculé. J'avais la
maladie Basedow. Le coup de massue. Je
m'occupais des malades, et moi l'invincible,
je devenais tout à coup, la malade.
Totalement à cran, mes enfants ne me
reconnaissaient plus, mon mari
s'interrogeait, tous longeaient les murs
lorsque j'explosais. Je pouvais devenir
hysterique.
La maladie ne s'est pas laissée convaincre
par le traitement. Mon endocrinologue
pensait que je ne prenais pas mon traitement,
mais en fait j'étais réfractaire à ce dernier.
On avait beau augmenté les doses, mes
anticorps avaient decidé d'être plus forts que
moi. Très bien suivie par un medecin traitant
plus que parfait, toujours à l'écoute, très
humain... bref Le médecin comme il n'y en a
plus, et une endocrinologue compétente, j'ai
très bien été prise en charge. Mon mari a
compris l'enfer dans lequel que je vivais.
Cette hyperthyroïdie m'épuisait, je me
fatiguais moi-même. Mes hormones ne me
laissaient aucun répit, il a été là à chaque
instant, il m'a soutenue, m'a accompagnée.il
a été ma force, répondait aux personnes qui
me disaient « Ah, t'as des problèmes de
thyroïde ? Bof, maintenant tout le monde a

des problèmes de thyroïde, c'est rien ! » Il savait leur expliquer que j'avais une maladie auto-immune, que mon propre corps s'attaquait à ce si petit organe qui mine de rien servait à beaucoup de choses., il désamorçait les situations stressantes ?. Il était simplement là pour moi. En dix-huit ans c'était une des plus belles preuves d'amour qu'il m'ait donné.

Cette maladie m'a transformée mentalement et physiquement (merci les corticoïdes !) Malgré une fatigue importante persistante, l'ablation a été une véritable délivrance, une renaissance. Apaisée, calme (ouf), je me suis reposée pour reprendre une vie quasi normale.

Tout allait bien jusqu'en juin 2017 (un an après l'ablation) le changement de levothyrox m'a plongé dans une grande fatigue, je me bats actuellement pour doser et arrêter de faire le yoyo entre hypo et hyper, mais mon optimisme me pousse à croire que tout va vite rentrer dans l'ordre.

La maladie de Basedow est toujours ma colocataire, nous vivons ensemble, elle a décidé de s'atraquer à mes yeux maintenant que je n'ai plus de thyroïde (oui ça aurait été trop simple !).Mais à part la douleur due à la sécheresse, ils ne sont pas exorbités, et j'ai cette chance ! On vient de me poser « des clous bouchons » (nom barbare pour une pose barbare. Aie, aie, ça fait mal) pour conserver une hydratation des yeux, et ça soulage !

Mon combat n est pas terminé, il faut stabiliser maintenant un traitement capricieux, mais j'ai envie de croire que le plus dur est derrière moi. »

Et puis, il y a les hommes, merci à **Paul** pour ce témoignage criant de vérité qui met à jour le gros problème des changements de traitement imposés par les laboratoires pharmaceutiques.

Paul Chevrier, jeune retraité de 65 ans, ayant vécu une vie saine en milieu montagnard, père de cinq enfants et de neuf petits-enfants.

« Il y a sept ans suite à des problèmes de prise de poids, et surtout une grosse fatigue physique et psychologique sans raison, ma fille infirmière me sensibilisa sur la thyroïde. S'en suivirent des examens : échographie, plus dosage des TSH. Bingo, si je puis dire : Hypothyroïdie d'Hashimoto, mis sous Lévothyrox avec consultations chez un endocrinologue. Je passerais sur les examens sub et le coût des consultations. Pour savoir que je devais rester en dessous de 2 pour la TSH.

Le dosage du Lévothyrox fut stabilisé en début 2015, c'est à dire à 100μ.

Tout semblait parfait avec des prises de sang régulières confirmant la THS +/-2.00, ma zone de confort.

Octobre 2016, me voilà à la retraite, après plus 50 ans d'activité. Je profite un max et m'y fait très bien, séjour à la mer sur Sète et la montagne, les escapades en Italie. Les visites aux petits enfants, Papy est en forme. Début 2017, grosse perte de poids de plus de huit kilos, je vais mieux. TSH à 1.87, tout va pour le meilleur des mondes. J'ai la niaque ! Mai 2017, mon état se dégrade, je reprends du poids à la vitesse grand V, et pourtant sans excès de quoi que ce soit. Le moral dans les baskets, je me lève déprimé, avec même des idées de mettre fin à mes jours. Pour quel motif ? Aucun sinon que ça me travaille l'esprit.

Je fais des malaises à la limite de la perte de connaissance, vaseux, de l'eau dans les yeux, je me sens partir. S'ajoute de l'urticaire sous-cutanée, que mon médecin attribue à quelque incompatibilité alimentaire. Un tube de pommade à la Cortisone fera l'affaire. Seulement rien ne s'arrête. Des vertiges, et surtout l'envie de rien. Crevé et amorphe. Ma femme met cela sur le fait du choc psychologique de la retraite. Je me connais assez, ancien militaire, très actif en loisirs sains : rando, pêche en ruisseau, parapente,

VTT, nage, plongée. Bref en aucun cas pantouflard.

Juillet 2017 taux TSH monté à 6.75.

Alarme !

Ayant appris le « scandale » du nouveau Lévothyrox j'en parle à mon docteur. Sa réponse :

« Non ! Vous écoutez trop les infos. C'est psychosomatique aucune incidence »

Mon toubib me passe à 125µg , puis après contrôle TSH un mois après à 137.5 µg.

Septembre 2017, je pars pour le Pays de Thau avec une cure à la clé sur Balaruc. Même état de déprime, fatigue, douleurs articulaires, heureusement que j'ai ma petite chienne, qui m'oblige à sortir, je me force. Durant mon séjour, une chute inexpliquée avec perte de connaissance, où je m'enfonce sur le grill, trois cotes fêlées. (nota : je ne suis allé ni chez le docteur ni à l'hopital. Les côtes je connais et pas envie de me faire encore irradier).

Je résiste, et m'offre une cure de fruits de mer, poissons, et de grand air marin.

Je rentre chez moi, début octobre et re-consulte mon médecin, TSH à 3.75.

Discussion sur le scandale qui défraie la chronique. Même position ! « Ce ne sont que des réactions psychosomatiques, rien à voir avec le « new »   Lévothyrox » Je demande à revenir à l'ancienne formule en buvable.

Réponse : « J'ai peur que le retour sur l'ancienne formule vous créer un désordre hormonal »

Tiens donc : le nouveau serait le même et sans incidence, alors pourquoi le retour à l'ancien provoquerait un désordre ? Dois-je en rigoler ou en pleurer ?

Fin octobre 2017: Changement de dosage et passage à 150µg avec le « new Lévothyrox ».

Mon état empire dans les jours suivants : grosse déprime, tachycardie, je suis à plat. Et en pleine nuit réveil brutal, j'ai le cœur qui s'emballe, prise de tension 19/11. Sueurs, mal, très mal ! Je ne me recouche pas, angoissé. Mon médecin est en congé. Il ne me reste que le SAMU déjà testé, avec une bonne assistance téléphonique. Le lendemain je vais voir ma pharmacienne pour un retour à 137.5µg, n'ayant que du 150µg.

Puis au retour de mon docteur, ordonnance et direction l'Italie, où je me procure des boites d' Eutirox 125µg et 25µg, pour faire du137.5µg. De ma propre initiative, je continue mon traitement avec le produit d'Italie.

Quelques jours et semaines après, je sens que mon état se stabilise, mon mental va mieux, plus de douleurs articulaires.

Mes analyses montrent que ma TSH est revenue un peu au dessus de 2.0. Je m'en tiens là, et reste sensible à mon ressenti. Décembre 2017, je reprends une activité dans la station, et parcours quelques quatorze kilomètres à pieds sans aucune gêne ou douleurs. Mon poids s'est stabilisé, ma TSH est à 2.14. Je me lève en regardant le soleil et content de me lever.

Aujourd'hui je vais beaucoup mieux, une échographie de la thyroïde et un nouveau dosage TSH plus T4 T3 et autres sont prévus dans les prochains jours, mais d'instinct, je sais que ça va mieux. Quand j'ai dit à mon docteur que je m'étais remis à l' Eutirox sa réponse : « C'est vous qui voyez » Je suis convaincu que la nouvelle formule m'a fortement ébranlé.

Je n'ai pas porté plainte car « ancien acteur de la justice » je sais que ce sont les plaignants qui vont subir la grosse pression du lobbying du médicament et que c'est le pot de terre contre le pot de fer. Je continue à prendre le produit d'Italie, surveille mon état autant que faire se peut. Conscient d'avoir une maladie que les pouvoirs publics minimisent et sous estiment, jusqu'à ce que quelques personnalités politiques ou du showbiz n'en dénoncent.

Merci à Sylvie pour son engagement, son premier essai clair et percutant, hélas lu par les malades et moins par les autres ;

Merci à Annie Duperey pour son coup de gueule qui, a quelque peu sortie des députés et la ministre de la santé de leur léthargie.

Je dénonce l'incompétence de l'Agence du Médicament qui serait à l'origine du changement de formule de ce médicament, et du manque d'informations tant pour les médecins traitants, que pour les patients.

Nous sommes dans une situation d'empoisonnement collectif, et de mise en danger de la vie d'autrui. Pourquoi ces pays d'Europe comme l'Allemagne (origine du produit, la Belgique, la Suisse, l'Italie, l'Espagne, le Portugal) n'ont-ils pas changé la formule ? La changeront-ils un jour ? J'en suis moins certain.

Courage à tous les malades d'Hashimoto. Le temps use l'erreur et polie la vérité »

Comprendre ces dérèglements thyroïdiens permettrait de mieux soigner les patients. Un malade n'est pas juste un numéro de sécurité sociale. C'est une personne unique qui doit être traitée comme telle.

Cassandra

Fléau du siècle : la prise de poids. Avant, Cassandra était une superbe femme, épanouie, heureuse jusqu'à ce jour où, vivant dans une famille guindée, catholique intégriste, elle se retrouva mariée à un ami de la famille. Ce n'était pas un mariage forcé, juste un mariage arrangé qu'elle ne pouvait pas refuser. Résultat son corps dit non à sa manière et elle se retrouva brutalement avec quinze kilos de plus en deux mois. Son mari prit un air écœuré, se dit lésé (pauvre chou !) et le mariage fut par miracle annulé. Trop tard pour Cassandra. Elle était devenue obèse, la risée de tous. Elle se replia sur elle-même, s'isola et par dépit, continua à prendre kilo sur kilo. Le gouffre semblait parfois la seule issue. La solitude aidant, Cassandra n'avait plus qu'un désir, devenir si grosse que son cœur lâcherait. Une façon bien à elle de se suicider sans avoir le véritable courage de le faire. Un appel au secours comme un autre que personne n'entendait. Elle pouvait presque sentir sur elle, le regard dédaigneux des médecins qui devaient penser qu'elle ne faisait aucun effort, qu'elle ne voulait pas. Et après tout, c'était certainement vrai.

Un soir, une violente douleur au ventre la paralysa. Le médecin urgentiste l'envoya à l'hôpital où elle passa une série d'examens.

On lui découvrit plusieurs kystes aux ovaires. Dérèglement hormonal ? Un jeune interne s'intéressa à son cas, lui avouant plus tard que sa jeune sœur avait eu aussi de gros soucis de poids. Parfois la route nous conduit vers les bonnes personnes. Cassandra eut cette chance. L'interne poussa les recherches, s'intéressant en particulier à sa thyroïde, recherchant à coup de prises de sang et d'échographies une réponse qui arriva très vite, hypothyroïdie d'Hashimoto. Un nom mis sur une souffrance. Un nom posé sur une douleur. Un espoir possible. Après six ans d'enfer, Cassandra fut mise sous un traitement : l'Euthyral®. En six mois, elle perdit vingt-huit kilos, retrouva sa joie de vivre, retrouva sa vie, simplement parce qu'un jeune médecin prit le temps de s'intéresser à ses maux.

Peu importe au final que le cas de Cassandra ait peut-être été génétiquement destiné à une maladie de la thyroïde, peu importe que le point de départ ait certainement été un choc psychologique, ce qu'il faut retenir est justement cette causalité que réfutent de nombreux professionnels de la santé. Pourquoi se désintéresser le plus souvent de la relation reliant cause de la maladie et psychisme ? Les statistiques montrent avec certitude qu'un dérèglement thyroïdien fait souvent suite à un événement douloureux lié à un gros stress : décès familial, perte d'emploi, chagrin d'amour, divorce. Le stress est un élément perturbateur pour l'équilibre endocrinien. On le sait mais on continue de l'ignorer. Sans stress dans nos vies, aurions-nous moins de maladies thyroïdiennes ? Que faire pour vivre mieux et éviter à notre thyroïde de continuer sa destruction ? Il n'y aucune solution miracle mais favorisons les pensées positives, les méthodes de relaxation. Même si cela semble très utopique, pourquoi ne pas essayer de vivre plus sereinement ?

Les cas particuliers, ceux auquels on ne pense pas.
Aurélie, 27 ans
Je suis une heureuse maman célibataire d'un petit homme de quatre ans. Je suis heureuse, c'est vite dit, je l'étais plutôt. Mal dans ma peau, j'avais fourni des efforts pour perdre les dix kilos qu'il me restait de ma grossesse en ayant une alimentation saine, en pratiquant du sport. En 2012, j'avais retrouvé mon poids d'adolescente, soixante-trois kilos, et en quelques mois tous ces efforts sont partis en fumée. J'étais constamment épuisée, de mauvaise humeur, avec des angines à répétition, des courbatures. En

2014, je me suis mise à prendre du poids, vingt kilos ! Me voyant grossir à vue d'œil, j'ai décidé d'aller voir mon médecin traitant. Constatant cette prise de poids il me prescrivit une prise de sang pour le dosage des hormones thyroïdiennes. En sortant du cabinet, je me suis rendue aussitôt au laboratoire. Je reçus, quarante- huit heures plus tard, un appel alarmant, mes résultats n'étaient pas dans les normes. Mon médecin m'informa, que je me trouvais en hyperthyroïdie. Je l'ai beaucoup interrogé sur les maladies de la thyroïde, car pour moi, c'était l'inconnu total. Je suis tombée des nues. On m'a fait faire une nouvelle prise de sang plus complète (anticorps et TRACKS). Résultat, j'en suis sortie abasourdie, désemparée, en pleurs. Basedow, il s'agirait de la maladie de Basedow. Commence la course aux examens. L'échographie qui s'avéra un soulagement pas de nodules ni de goitre. Par contre, ma thyroïde était très vascularisée. Je sortis du centre d'imagerie dans un drôle d'état enfin plutôt avec de drôles de sensations. J'avais peur, mais en même temps je n'avais pas peur. Je ne savais plus où j'en étais. Les larmes montaient mais ne sortaient pas.

Une semaine après j'avais rendez-vous pour la scintigraphie, une demi-journée, à l'hôpital Nord de Saint-Etienne. Je n'aimais pas y aller même si c'était là que j'avais donné naissance à celui qui me faisait tenir, mon fils Matthieu. Je prenais sur moi, n'étais pas rassurée, ces deux mots « médecine nucléaire », rien que ces deux mots me donnaient envie de fuir. Dans ma tête, les images des bombes nucléaires défilaient avec tous les dégâts qu'elles avaient causés, et puis nous le savons tous, le nucléaire est mauvais pour notre santé. J'avais le trouillomètre à zéro. J'attendais mon tour dans la salle d'attente. L'infirmière voyait bien que j'étais paniquée, et a tout fait pour me mettre en confiance. Cinq minutes plus tard, j'avais mon injection, et on m'informa qu'il y avait des WC spéciaux pour les irradiés (c'est comme ça qu'ils nous appellent. Les irradiés !) J'avais l'impression de ne plus être humaine. Je dus attendre deux heures avant la scintigraphie. Je pris un café. Je ressentis des picotements dans le corps, je me sentais mal. L'heure de ma scintigraphie arriva. On m'appela. Je me suis allongée, l'appareil à quelques millimètres de mon nez. Je ne devais plus bouger. Prise par l'inconfort de l'examen, la peur, l'angoisse, je me mis à tousser. Une quinte de toux comme je n'en avais jamais eu auparavant. Elles me firent sortir pour que je puisse reprendre mes esprits et m'apportèrent un verre d'eau. Je me sentis gênée. La deuxième

tentative fut la bonne. L'examen terminé,
j'allai voir le médecin pour les résultats. Le
diagnostic Basedow fut confirmé. On
m'avisa des trois traitements à ma
disposition, le traitement médicamenteux qui
durait de dix-huit à vingt-quatre mois où les
chances de récidive étaient importantes, la
destruction de la thyroïde par l'iode
radioactive, ou l'ablation de la thyroïde.
Quelle option choisir ? Celle où je devais me
tenir à l'écart de mon fils durant vingt-quatre
heures. Quoi ? Vingt-quatre heures ? C'était
impossible ! Sous le choc, je rejoignis le
parking souterrain, et je me suis étalée de
tout mon long sur le goudron, je n'avais pas
vu le trottoir. Suite aux résultats, mon
médecin traitant me dirigea vers une
endocrinologue pour le suivi et la mise en
place du traitement. Je l'ai rencontrée fin
septembre en urgence. Pourquoi en urgence,
était-ce si grave que cela ? Je suis tombée,
heureusement, ce qui est rare, sur une
endocrinologue à l'écoute qui donne de
l'attention à ses patients. Nous avons discuté
et cherché des explications ensemble pour
comprendre comment j'avais pu déclarer
cette maladie alors que dans ma famille
personne n'avait jamais eu de problème de
thyroïde. Je lui ai expliqué que j'avais vécu
une histoire traumatisante avec le père de
mon fils. Nous avons donc pris pour point de

départ un choc émotionnel, brutal et continu.
Nous avons discuté des traitements, je ne
voulais pas entendre parler du traitement
médicamenteux, d'ailleurs elle ne me le
conseillait pas. Mon choix se dirigea vers
l'iode radioactif, mais je lui ai demandé un
temps de réflexion (eh oui, l'iode radioactif
me faisait peur). Elle me dit qu'à l'hôpital
Nord, ils donnaient des doses faibles et donc
bien souvent il fallait en prendre au moins
deux fois ce qui voulait dire plusieurs jours
enfermée dans un hôpital. J'avais rendez-
vous, une semaine après, avec elle. Entre-
temps je décidai de changer d'avis et de me
tourner vers l'opération. Mon
endocrinologue hésita. Je la sentais perplexe.
Quelque chose la dérangeait dans mes
résultats. Elle me mit quand même sous
Thyrozol® en vue de l'opération. J'avais
rendez-vous avec le meilleur chirurgien de la
région pour l'ablation. Pendant un mois, je
suivis donc mon traitement comme à
l'habitude, passant par tous les états, avec
des examens sanguins réguliers. Surprise !
Chirurgien et médecin changèrent tous deux
d'avis. Plus d'opération. Ils étaient certains
qu'il s'agit d'un faux Basedow, une
hashitoxicose pour être exacte. Confirmation
du diagnostic en décembre 2014. Depuis,
mes taux sont stables, je suis sous
surveillance en attendant définitivement de

passer en Hashimoto, ce qui arrivera inéluctablement... Mais quand ? Et surtout quelle souffrance !

Témoignage poignant de **Pauline**
Un mal-être, de l'inconfort, de l'incompréhension de l'entourage et des gens, de la fatigue, une prise de poids, un tempérament à fleur de peau, des larmes de joie de tristesse de rires de malheurs et de détresse tout en même temps, j'allais donc passer le reste de ma vie avec Hashimoto, compagnon des plus fidèles et dévoué à notre souffrance. Les premiers mois, je dormais 18h/jour, je me levais difficilement pour manger une compote, puis me rendormais jusqu'à la prochaine compote ou clémentine que mon corps allait bien vouloir mastiquer sans douleur et ingérer; ma mère devait me traîner hors de la maison pour que je sorte, une fois même elle a dû me prendre le bras pour me soutenir, comme une personne affaiblie qui tient à peine sur ses jambes, je me soutenais au caddie lors des courses, je m'essoufle encore aujourd'hui en portant un pack d'eau. Tiens, parlons en des packs d'eau... une bouteille d'1l d'eau = 1kg, alors disons qu'aujourd'hui, depuis 5 ans, j'ai accumulé en moi, dans ce corps que je ne supporte plus, 48 bouteilles d'eau, alors que

je ne suis pas capable d'en porter 6 à bout de bras sans m'essoufler ! Depuis cinq ans, tous les matins, je prends mon p'tit comprimé de cochonnerie d'hormones, j'en ai toujours un dans mon portefeuille au cas où un jour je ne dors pas chez moi, il faut apprendre à être prévoyant. Il faut aussi apprendre à écouter son corps, mais pas trop parce que la vie de couple, la famille, la vie sociale et le boulot ne doivent pas en pâtir. Enfin, il faut apprendre à rester calme quand un jour, par les médias, tu apprends que tu n'es qu'un rat de laboratoire aux yeux des grands groupes pharmaceutiques qui ne cherchent qu'à renflouer leurs caisses au détriment de ta santé avec la complicité de l'État.

Et quand à l'aube de tes 23 ans, tu penses à devenir mère un jour, et que ta tête déborde de craintes et de questions : vais je pouvoir donner la vie ? Quel parcours m'attends ? Et si mon enfant est porteur de la maladie ? Suis-je égoïste de vouloir un enfant dans ces conditions ? Tu essayes d'avancer à petit pas dans ta vie de femme, pas vraiment évident lorsque ton corps a changé si vite et vieillit si mal. Et puis vous ne nous rendez pas la tâche plus facile, vous qui portez un regard négatif et méprisant sur les personnes comme moi, qui souffrent intérieurement avec des effets indésirables extérieurs, ce n'est pas écrit sur notre front. Vous qui pensez que je fais de la comédie depuis cinq ans, en pensant que je me trouve des excuses, que c'est pourtant simple de prendre soin de soi, auriez-vous la force de vivre et traverser toutes ces épreuves que la maladie nous fait endurer ? Aujourd'hui, après cinq ans de cohabitation, j'ai appris à apprivoiser Hashimoto, ce n'est pas toujours simple, surtout lorsqu'on a un corps qui ne semble pas être le nôtre, mais la vie est ainsi faite, si le destin a décidé de me mettre à l'épreuve c'est que je suis capable de relever le défi, alors que la vie continue, et que les moments de joie et de bonheur prennent le dessus sur les malheurs. »

Clémence 29 ans
C'était en novembre 2010, j'ai compris que je n'allais pas bien. J'étais une jeune étudiante de 22 ans. Il aura fallu des mois, et un bras de fer avec mon ancien médecin-traitant pour avoir des analyses et comprendre. J'étais fatiguée, je sortais d'une période difficile où ma mère avait dû affronter un cancer. Mais mes symptômes étaient intenses, douleurs constantes, prise de poids, perte de mémoire, humeur changeante…
Je ne comprenais pas trop ce qui se passait, mais je savais que quelque chose n'allait pas. C'était viscéral, j'en étais absolument certaine.

Je suis allée voir mon médecin une première fois. Je lui ai expliqué tout ce que je ressentais, que j'étais vraiment mal. Je me souviens que j'avais 8 de tension. « Vous avez le contre-coup du cancer de votre mère, je vais vous donner un cachet pour la tension, ça ira mieux ». Il sous-entendait que tout était psychologique et qu'un petit tour chez un professionnel règlerait le problème. J'ai pris le traitement pour la tension. Je suis retourné le voir un mois plus tard, toujours dans le même état. J'étais montée à 9. Super. J'ai eu le droit au même discours à quelques mots près, ainsi que le fameux « c'est dans la tête », que beaucoup d'entre nous ont trop souvent entendu. Je suis repartie sans rien. Un mois plus tard, rebelote, mais j'ai insisté et là, je n'ai rien lâché ! Je me souviendrais toujours de cette phrase dite sur un ton aussi méprisant qu'agacé : « Bon, on va faire une prise de sang ». Elle résonne toujours dans ma tête après toutes ces années. Sauf que cette prise de sang a permis de mettre les mots sur tous ces maux qui me faisaient vivre un enfer depuis des mois : maladie d'Hashimoto.

Étrangement, je me suis sentie presque soulagée. Enfin je savais que je n'étais pas folle, que tout était vrai et non psychologique. Cela avait même le goût d'une victoire face à mon médecin, dont la seule envie était de m'envoyer chez un psy. Évidemment depuis le diagnostic, j'ai changé de médecin. Je suis suivie depuis plus de sept ans par un autre qui est très à l'écoute. Je pense que c'est important de le souligner pour les autres malades : il y a de très bons médecins qui prennent au sérieux cette maladie et ne négligent pas la souffrance des patients. Ne perdez pas espoir, ils existent !

Malheureusement, je n'ai pas la chance d'être tout le temps stable.

Systématiquement, deux fois par an aux changements de saison, je passe en hypo ou en hyper, il faut réadapter le dosage. En dehors de ces périodes, je vis quand même avec des symptômes au quotidien, même si les analyses sont bonnes. La fatigue et les douleurs sont souvent là, j'ai appris à vivre avec, même si certains jours sont vraiment difficiles. J'ai toujours pris grand soin de mes dents, mais depuis quelques temps elles cassent comme du verre. Mon dentiste est formel : la thyroïde en est responsable. Je ne suis pas la seule, d'autres patients rencontrent de gros problèmes bucco-dentaires depuis qu'ils sont malades. J'ai déjà une couronne et quatre en attente. Je n'ai pas les moyens actuellement de me payer ces prestations. De temps en temps j'ai des séances avec un kinésithérapeuteostéopathe qui me soulagent énormément. Certains proches ne comprennent pas toujours. Des amis m'ont même tourné le dos, je n'ai plus de nouvelles depuis longtemps. Ils ne savent pas ce que cela fait d'être constamment fatigué et de l'impact psychologique que cela peut avoir. Combien de fois ai-je entendu : « une bonne nuit de sommeil et ça ira mieux

Aujourd'hui je ne cherche plus à me justifier. Je suis malade, mais j'essaye de mener une vie normale autant que possible. S'ils ne comprennent pas, tant pis. J'ai trop perdu de temps et d'énergie à essayer de leur expliquer.

La première édition de ce recueil me fut utile. Tous ces témoignages ont permis à mes proches de voir que tout ce que je disais était vrai, tout simplement. Et que le fait de prendre un traitement à vie n'empêchait pas de se trouver mal à certains moments.

Ce n'est pas toujours facile, je suis en couple et je travaille. Revenir au boulot après un arrêt est un réel plaisir que je savoure et mon compagnon est compréhensif, il ne me juge pas.

Il y a une chose que je me suis promise de faire même en étant mal, aller voir les matchs de football de mon équipe ! Ces moments-là sont sacrés, je vois mes copains, on discute toujours autour d'un verre, on rigole et on vit notre passion. Je passe toujours de très bons instants et je ne veux pas perdre cela, et c'est surtout une victoire pour moi de dire : « je ne me sens pas bien mais, Hashimoto, tu ne me prendras jamais cela ! »

Je ne sais pas si j'aurais des enfants. Je n'ai pas ce désir profond et je suis si souvent épuisée que je ne me vois pas assumer un rôle de mère. On verra.

Sauf que récemment, tous les symptômes sont apparus : épuisement, vertiges, douleurs, troubles digestifs, perte de cheveux... J'ai pensé que ma thyroïde était de nouveau déréglée, même si cela me paraissait étrange. Je suis toujours embêtée à l'automne et au printemps, jamais l'hiver. Mon médecin a poussé les recherches, toutes mes analyses étaient parfaites. Quand je lui ai dit que je perdais mes cheveux au point que je bouchais régulièrement ma douche, il a compris. Pour lui, ça ne pouvait être que cela. J'étais tellement épuisée qu'il ne m'a pas laissé le choix : arrêt maladie.

Aujourd'hui je prends L-Thyroxin, j'ai repris le travail et mon état s'améliore tout doucement.

En attendant je profite de tous les moments où je suis en forme. La maladie a forgé mon caractère, c'est le côté positif, je suis devenue une battante !

La maladie de Basedow et les enfants

Une maman a été désireuse de faire connaître le cas de sa fille que nous nommerons Juliette afin que l'on sache que « cela ne touche pas que les adultes » !

Hier matin, Juliette fixait son pilulier et m'a dit : « Tu te rends compte, maman, ça va bientôt faire un an que je prends ces cachets … ». Et moi de lui répondre : « Et oui ma grande et il va falloir les prendre encore pendant plusieurs années … ». Juliette m'a ensuite demandé ce qu'il se serait passé si nous n'avions pas découvert sa maladie. Je n'ai pas su quoi lui répondre, si ce n'est que nous avons eu beaucoup de chance et qu'il fallait se concentrer maintenant sur la guérison.

Voilà bientôt un an que l'on a diagnostiqué à Juliette la maladie de Basedow. En novembre 2019, mon mari et moi sommes régulièrement surpris des crises de larmes de notre fille, de son irritabilité. Juliette est nerveuse et nous ressentons que cette tension est profonde sans pouvoir nous l'expliquer. C'est ma maman, la grand-mère de Juliette, qui la première évoque les symptômes de la maladie. Juliette a les traits et les yeux tirés, semble très souvent fatiguée. La grand-mère de Juliette connaît bien cette maladie puisqu'elle en est atteinte mais est en rémission depuis plusieurs années.

Pendant les vacances de Noël, je remarque également que lorsqu'elle penche la tête en arrière, elle a un léger renflement à la base du cou. Nous décidons de consulter son pédiatre.

Lorsque nous le rencontrons en janvier, ce dernier semble sceptique : « la maladie de Basedow à 9 ans, c'est extrêmement rare. En 30 ans, de carrière, je n'ai jamais vu un enfant atteint de cette maladie. » Et pourtant, à l'auscultation, il faut se rendre à l'évidence, le tableau clinique de notre fille est très évocateur : tachycardie, nervosité, base du cou enflée, pas de prise de poids depuis de nombreux mois. Notre fille fait alors une prise de sang pour contrôler sa TSH. À la lecture des résultats, nous comprenons rapidement qu'il s'agit bien d'une thyroïdite.

Ensuite tout va très vite. Son pédiatre contacte l'hôpital pour enfants le plus proche de notre domicile et notre fille est hospitalisée pendant trois jours.

À l'hôpital, les médecins et internes que nous rencontrons ne veulent pas encore parler de la maladie de Basedow. Ils souhaitent effectuer plusieurs examens avant de se prononcer. Ce que je ne leur dis pas c'est que l'infirmière au moment de nous donner la chambre a appelé la cadre : « Tu m'as dit qu'on l'installait à quelle chambre, la petite Basedow ? ».

Dès le premier jour d'hospitalisation, Juliette commence son traitement : des antithyroïdiens de synthèse pour réguler l'activité de la thyroïde et des bêtabloquants pour aider à ralentir le cœur. Elle enchaîne les examens : prises de sang, ECG, écho du cœur et de la thyroïde, âge osseux, ostéodensitométrie. Les médecins veulent s'assurer que la maladie est récente et qu'elle n'a pas entravé la croissance de notre fille. L'équipe médicale réussit à dater le début de la maladie et nous assure que cela n'a pas affecté sa croissance. On nous annonce que le traitement devrait durer entre 2 et 4 ans, car elle est jeune.

Après trois jours, notre fille supporte bien le traitement et peut rentrer à la maison. C'est le début de la vie de Juliette avec la maladie de Basedow. Elle est dispensée de sport pour un mois. Depuis septembre, son corps a été mis à rude épreuve, il est nécessaire de le ménager.

Nous écrivons au directeur de son école pour lui expliquer la maladie de Juliette. Par chance, son état n'a pas eu de conséquences sur son travail scolaire et un PAI (Projet d'Accueil Individualisé) n'est pas nécessaire.

Nous achetons un pilulier pour éviter les oublis. Toute la famille pense aux cachets, même son petit frère.

Juliette enchaîne les prises de sang tous les 10 jours pour s'assurer que le traitement va dans le bon sens et qu'il est toujours bien toléré.

Nous l'accompagnons très régulièrement à l'hôpital pour des RDV de suivi. Elle rencontre notamment « une infirmière éducation » qui lui explique le fonctionnement de la maladie et s'assure qu'elle a bien compris l'importance de prendre son traitement.

À chaque changement de dosage, nous percevons une dégradation de l'humeur de notre fille et une dizaine de jours est nécessaire pour que son état se stabilise.

Nous consultons également plusieurs ophtalmologistes. L'exophtalmie de Juliette est légère et les personnes qui la rencontrent après le début de la maladie ne remarquent rien. Pourtant, nous souhaitons bien appréhender le sujet pour prévenir une éventuelle aggravation du symptôme qui pourrait être irréversible. Les médecins s'accordent à dire que l'IRM n'est pas nécessaire et qu'une investigation plus approfondie et un traitement aux corticoïdes ne le sont pas non plus. On lui prescrit néanmoins des lunettes de repos pour ménager ses yeux.

Parallèlement à la prise en charge médicale, nous demandons un suivi psychologique. Les tensions au sein de la famille ont parfois été très fortes ; il faut retrouver de la sérénité et s'assurer que Juliette est partie prenante du traitement.
Le dossier administratif est perdu, nous devons attendre plusieurs mois avant de rencontrer un psychologue.
C'est un casse-tête pour nous parents, nous devons être disponibles pour les RDV médicaux/psy mais aussi pour répondre aux questions de notre fille : « Pourquoi elle ? pourquoi à cet âge ? Quand le bon dosage va-t-il être trouvé ? ». Tant de questions auxquelles, nous n'avons pas de réponse.

Nous sommes régulièrement tiraillés entre le fait de la ménager parce qu'elle est fatiguée et l'envie de la stimuler parce que nous ne voulons pas que la maladie l'empêche de découvrir de nouvelles choses ou activités.

Nous mettons aussi du temps à comprendre ce qu'elle ressent. J'échange avec des adultes atteints de la maladie ; ma maman et une amie. Toutes les deux, me disent que le quotidien est assez compliqué tant que le bon dosage n'a pas été trouvé. L'humeur oscille, tantôt l'euphorie, tantôt l'envie de pleurer. Pour nous parents, il est difficile d'accepter cet état pour notre enfant si jeune.

Après 8 mois de traitement, le bon dosage est trouvé et la maladie est dite « calme ». Juliette retrouve une vie quasi normale. Les RDV médicaux, les prises de sang s'espacent.
Entre le suivi psy et le bon dosage, son humeur est bien meilleure et cela facilite le quotidien de toute la famille.
Si ses résultats scolaires n'en ont jamais souffert, nous nous rendons compte que notre fille n'a plus besoin de multiplier les efforts cette année pour obtenir les mêmes résultats. Nous sommes toujours très attentifs au moindre signe de rechute et à son état de fatigue et essayons de l'aider du mieux que nous pouvons. Nous ne nous autorisons pas à penser à une éventuelle récidive.

En tant que maman et femme, je me demande très souvent comment cela va se passer pour Juliette lorsqu'elle aura un projet de maternité. Les médecins et les psys me rassurent et avancent que la médecine fait des progrès chaque jour et qu'il vaut mieux se concentrer sur le présent et le bon suivi du traitement. Cela ne m'empêche pas d'être très inquiète.

Écouter, l'écouter, la ménager, comprendre, rester en veille, se faire confiance, lui faire confiance, ne rien lâcher : telles sont les aptitudes que nous avons et que nous aurons à développer pour l'accompagner au mieux.

Un très beau témoignage et nous souhaitons tous une bonne évolution à Juliette.

Les graisses et les dysfonctionnements thyroïdiens

C'est maintenant une vérité scientifiquement prouvée, le lien avec la thyroïde et les problèmes cardiaques est avéré.

Dans le cas d'un dysfonctionnement thyroïdien, en particulier un déficit en hormones thyroïdiennes, on pourra voir un taux élevé de cholestérol. Il est donc primordial de faire ce lien, pour une raison simple, dans beaucoup de cas, la montée progressive du cholestérol s'aligne avec une prise de poids, qui est un véritable fléau pour un malade de la thyroïde. Et surtout cette thyroïde défectueuse induit souvent un mauvais cholestérol nommé LDL. Rappelons qu'il existe deux types de cholestérol, le bon et le mauvais. Le cholestérol est important, c'est lui qui permet de fluidifier les membranes cellulaires, et trop de cholestérol vont se déposer sur les vaisseaux sanguins. Les chercheurs ont fait un lien entre la dyslipidémie (hypercholestérolémie et hypertriglycéridémie). On pense que la diminution de l'hormone thyroïdienne dans le corps affecte la synthèse, tout comme le métabolisme et la mobilisation des graisses.

Je pourrais vous recopier tout un texte sur la corrélation, mais vous l'aurez compris ce qui est important, c'est donc d'éviter de flirter avec des taux trop élevés.

Beaucoup de malades de la thyroïde sont obnubilés par leur tsh et oublient de faire des bilans complémentaires, en particulier la recherche du cholestérol.

C'est certain que dans le cas d'un dysfonctionnement thyroïdien, on peut voir des

troubles mentaux, de l'anxiété ou la dépression, des troubles du sommeil, une faiblesse musculaire, et la liste est longue. En faisant attention à stabiliser l'hormone thyroïdienne, on va également œuvrer pour un bon cholestérol. Cela ne veut pas dire que cela se fera en un claquement de doigts.

« Comment la thyroïde cause-t-elle des problèmes de cholestérol ?

Votre corps a besoin d'hormones thyroïdiennes pour fabriquer le cholestérol et se débarrasser du cholestérol dont il n'a pas besoin. Lorsque les taux d'hormones thyroïdiennes sont faibles (hypothyroïdie), votre corps ne se décompose pas et n'élimine pas le cholestérol LDL aussi efficacement que d'habitude. Le cholestérol LDL peut alors s'accumuler dans votre sang. Les taux d'hormones thyroïdiennes n'ont pas besoin d'être très bas pour augmenter le cholestérol. Même les personnes dont le taux de thyroïde est légèrement bas, hypothyroïdie subclinique, peuvent avoir un taux de cholestérol LDL supérieur à la normale. Une étude a révélé qu'un taux élevé de TSH peut à lui seul faire augmenter directement le taux de cholestérol. «

Que faire ?
Attention, tout simplement à son alimentation en réduisant les graisses, privilégier l'huile d'olive, limiter les sucres également qui se transforment en triglycérides.
Cela ne peut pas faire de mal, et surtout cela peut aider à perdre quelques kilos.
Alors pourquoi ne pas essayer ?

Thyroïde et sujets tabous

Même si nous sommes au vingt&unièmes siècle, parler « de la femme » reste tabou. Cela me fait frémir, mais c'est une réalité. En dehors du gynécologue, peu de médecins posent des questions sur les sujets classiques : les règles, les rapports sexuels, la ménopause et pourtant, la corrélation avec la thyroïde est immense. Prenons juste la thyroïde post-partum qui est une inflammation progressive de la thyroïde. Les causes sont inconnues, mais pourtant les pourcentages sont énormes, et pourtant de nombreuses femmes n'ont aucune recherche thyroïdienne imposée après un accouchement. Pourquoi ?

Pendant la grossesse, par contre, les femmes enceintes ont un suivi, car le bébé peut en souffrir. Cela voudrait-il dire qu'une femme ne présente un intérêt médical qu'enceinte ? L'hyperthyroïdie atteint 15 % des femmes durant le premier trimestre de grossesse. Elle disparaîtra en général spontanément et sans traitement. L'hypothyroïdie atteint 4 et 8 % des femmes enceintes, dans de nombreux cas en déclenchant une maladie d'Hashimoto. Là encore, on n'en connaît pas la cause véritable, on n'a juste des suppositions. La dépression post-partum, elle aussi, n'est pas suffisamment prise au sérieux, car cette dépression peut être liée à un dysfonctionnement thyroïdien.

Le problème s'avère plus complexe lorsque l'on se trouve avec une patiente en âge d'être ménopausée. Si cette dernière est atteinte de la maladie d'Hashimoto ou d'une ablation de la thyroïde, les symptômes vont se mélanger pour occulter la thyroïde ce qui sera une catastrophe : fatigue, prise de poids, problèmes cardiaques, etc. Il faut donc impérativement être vigilant. Les médecins ne le seront pas nécessairement.
L'interaction entre hormones féminines et thyroïde sont pourtant liée. Trop d'hormones comme les œstrogènes, et la thyroïde ne gère plus. D'où que souvent une dominance en œstrogènes peut plonger la thyroïde dans un état d'hypothyroïdie. On pourra avoir dans les deux cas, des seins douloureux, des seins avec de nombreux kystes (très important ! L'affolement et la peur du cancer incitent les femmes à paniquer, alors qu'un bon médecin n'aurait qu'à expliquer que c'est effectivement un risque lors de cette période. Une échographie confirmera le kyste bénin.) et surttout va disparaître « la thyroïde stabilisée ».

Comme je le disais plus haut, on évite de parler dans notre société des règles. Il n'y a qu'à voir combien de patrons acceptent qu'une employée passe aux toilettes en urgence, qu'une hémorragie brutale souvent en hypothyroïdie ou après une ablation va dégoûter etc … À se demander à quoi ont servi toutes les publicités pour les Tampax ? Concernant les règles, là aussi la thyroïde joue un rôle essentiel. En cas de dysfonctionnement, on va avoir des règles qui peuvent être irrégulières, soit beaucoup plus longues, soit beaucoup plus courtes, qui vont également changer en quantité. Certaines femmes auront de véritables hémorragies avec des caillots importants. On parle même d'exemples où avec deux tampons et une serviette hygiénique, les fuites seraient incontrôlables. Ce n'est heureusement pas une généralité, mais il faut le savoir, car ce problème gynécologique s'avère un véritable handicap ! Il peut être associé à des douleurs pouvant faire penser à de l'endométriose. Certains gynécologues passent directement au bistouri, ablation utérine, alors que dans 80% des cas, ce problème va se régler une fois la thyroïde dite stabilisée (même si ce sera long, car c'est toujours long quand on souffre)

Chaque personne est un individu qui doit être pris comme tel, une personne, non une généralité.

Un autre problème de femme : la fertilité. L'hyperthyroïdie (fonctionnement en excès de la thyroïde) touche environ 2,3% des femmes consultant pour un problème de fertilité, contre 1,5% des femmes dans la population générale. Ce n'est donc pas anodin. En hypothyroïdie, on peut avoir une absence d'ovulation. Dans les deux cas, il est important de ne jamais désespérer, car de nombreux bébés naissent de mamans avec un souci de thyroïde.

Par contre, il ne faut pas négliger le problème de fausse couche. Une thyroïde défectueuse ou enlevée pourra avoir un impact dans le développement de l'embryon. Il est donc nécessaire dans ce cas de ne pas tourner le dos au traitement de substitution qui permet une vie « normale ».

Dernier point tabou : la libido. L'hypothyroïdie comme l'hyperthyroïdie peuvent avoir une répercussion sur la libido, la lubrification, l'érection, l'éjaculation, l'orgasme. C'est un des sujets rarement abordé par les médecins et souvent, les malades ont peur d'en parler. Et pourtant, il faut le dire, c'est un véritable handicap dans un couple. L'absence de désir dans ce cas n'est jamais liée à l'absence d'amour, c'est hormonal, c'est cette thyroïde qui ne marche pas et qui « coupe » la fontaine à désir ! Chez l'homme, ce problème se retrouve également. La dysfonction érectile et les troubles éjaculatoires étant les problèmes les plus courants chez les hommes atteints d'hypothyroïdie ou d'hyperthyroïdie

Une fois encore, on voit qu'un simple dysfonctionnement qui paraît tellement bénin pour les toubibs peut être un véritable handicap pour les malades.

Beauté et thyroïde

Lorsque l'on se retrouve avec un dérèglement thyroïde, quelle qu'en soit la raison, en dehors de la fatigue et de son cortège de maux, notre physique prend une grande claque. Alors bien sûr, les médecins que l'on va croiser vont hausser les épaules, parce que pour eux, ce sont des petits « bobos ». Seulement quand on sait que le moral avec ces maladies est loin d'être toujours au beau fixe, se sentir « beau » est important.

Et souvent, ce n'est pas le cas !

Prenons les sourcils en hypothyroïdie qui ont une forme bizarre, rabotée à l'extrémité. C'est même un des signes d'une hypothyroïdie que peu de médecins regardent.

Ensuite le visage, souvent gonflé, sous les yeux également, la peau pouvant s'épaissir.

Et les cheveux, on en parle ? Quand on a eu de beaux cheveux, c'est très dur de voir ce qu'ils sont devenus, secs, comme de la paille, pouvant par moment tomber par poignées. Et rien n'y fait, ni super shampooing ni cure de fortifiant. Une vraie hypothyroïdie frappe à la racine, et il faudra des mois, même stabilisé pour retrouver une chevelure de rêve.

La peau en prend également un coup. Elle va devenir sèche. Certains malades parlent d'une augmentation des vergetures. Les talons des pieds peuvent se fissurer, se craqueler donnant un aspect inesthétique et parfois douloureux. Selon les personnes et le problème thyroïdien, on verra des problèmes d'eczéma apparaître (en particulier dans les cheveux), de l'acné, des sortes de grains de beauté qui n'en sont pas (plaques noires ou blanches en relief particulièrement localisées sous le soutien-gorge ou le ventre), excroissances de chairs sous les bras, le cou. La plupart disparaissent au bout d'un an ou deux lorsque la thyroïde se stabilise, mais parfois non. Certains malades se plaignent aussi d'avoir de nombreux kystes sébacés apparus avec leur hypothyroïdie.

Les ongles seront souvent striés.

La pilosité également change complètement. Les poils se font rares en hypothyroïdie alors qu'ils poussent beaucoup plus vite en hyperthyroïdie. Beaucoup de personnes en hyper se plaignent de cet inconvénient qui se manifeste même sur le visage. Un peu déprimant lorsque l'on a trente ans de devoir traquer l'apparition quotidienne de ces poils. Des malades nous ont signalé l'apparition de cheveux blancs. Nous n'avons pas trouvé de liens scientifiques à ce sujet, mais cela existe.

Les jambes peuvent également se transformer lors de périodes d'hypothyroïdies. Elles peuvent gonfler, être douloureuses. Ce sera également le cas pour les pieds. Les doigts peuvent se déformer, avoir des difficultés à entrer dans les chaussures. Certaines femmes vont même être obligées de renoncer à porter des talons hauts.

Le plus gros problème est bien sûr le poids. Cela fait ricaner les médecins pour qui le poids est une question de volonté. Il n'en est rien. La prise de poids (que l'on retrouve également en hyper malgré les idées reçues) est un vrai drame pour de nombreux malades. Cette prise de poids qui peut s'accompagner de pertes d'appétit est incompréhensible pour une personne qui ne connaît pas le fonctionnement de la thyroïde (ce qui est le cas de chaque personne avant sa maladie). Cette prise de poids peut passer inaperçue si elle fait suite à un accouchement, une ménopause, mais peut aussi être spectaculaire. On nous a rapporté des prises de poids de 30 kg en six mois. Ce serait fabuleux de se dire que l'amaigrissement se fait automatiquement dès que la thyroïde est stabilisée. Il n'en est rien. Certaines personnes vont conserver leurs kilos malgré des régimes draconiens. Là encore, nous ne sommes pas égaux dans cette maladie. Certains ont la chance de n'avoir que peu de symptômes, d'autres vont souffrir des années. C'est pour cette raison que cette maladie devrait être prise au sérieux. On ne peut faire du général, ce que font beaucoup trop de médecins en n'écoutant pas les angoisses des malades. Une angoisse devrait toujours être prise en compte même si elle semble anodine.

Se sentir beau, se savoir beau même avec une maladie de la thyroïde est important. Ce n'est pas parce que ce n'est pas une maladie mortelle qu'il faut la négliger.

La majorité des médecins étant des hommes, souvent dans leur surpuissance médicale, on peut s'interroger et se demander si un médecin femme avec une maladie de la thyroïde ne serait pas plus à l'écoute ?

La thyroïde et le dos

On ne va pas en faire de mauvais jeu de mots, mais les problèmes de dos avec la thyroïde, on en a plein le dos ! Que ce soit Basedow, Hashimoto ou un simple dysfonctionnement thyroïdien, le dos trinque. Et pourtant 80% des médecins (spécialistes ou non) ne font pas le lien simplement parce que le mal de dos « est à la mode ».

Seulement, en particulier avec Hashimoto, même stabilisé, le malade va souffrir de douleurs musculaires sans pour autant que cette pathologie soit entendue.

Pourquoi nous demandent de nombreuses adhérentes ?

Toujours à cause du dérèglement ou de l'accélération de la thyroïde. Cette petite glande perturbée fait tout voler en éclats.

Les douleurs peuvent partir de la thyroïde elle-même et irradier jusqu'à la mâchoire, provoquant ainsi des douleurs chroniques. On aura également des crampes, qui peuvent se localiser aussi bien au niveau des mains, des paupières. Certains médecins diagnostiquent ainsi juste une carence en magnésium. Pour pallier à une insuffisance en magnésium, il suffit de manger un carré de chocolat noir chaque jour, ce qui ne fait pas grossir et évite les traitements chimiques.

Les douleurs dorsales vont être à l'origine de céphalées, tendinites, tensions musculaires en tous genres, voire dans les cas graves une hypertrophie des muscles, même celui de la langue qui va « grossir ». Certains malades se plaignent d'avoir l'impression de porter quatre-vingt années alors qu'elles n'en ont que la moitié, une impression de raideur.

Quels symptômes peut-on avoir ? Une sciatique, une lombalgie, des douleurs dorsales avec tiraillements au niveau des vertèbres dorsales pouvant accélérer le rythme cardiaque. Tension forte au niveau des trapèzes et des cervicales.

Ce dernier point reste un vrai problème, car une tension aux cervicales peut provoquer des nausées, des vertiges, de violents maux de tête.

Que faire ?

Là est la question. D'abord, bien prendre de la vitamine D de préférence chaque jour ou chaque semaine (mieux assimilée). Éviter de faire des mouvements brusques vu que les muscles sont fragilisés. Tout faire pour ne pas augmenter le stress, car plus cette situation (vertiges, douleurs) angoisse et plus les symptômes vont se multiplier.

Certains vous diront de perdre du poids ce qui vaut pour les personnes ayant un dysfonctionnement simple, mais avec une maladie auto-immune, mince ou enrobé, vous continuerez à souffrir de ces problèmes de dos, de cervicalites ou de tendinites à répétition. Savoir que c'est intimement lié à la thyroïde peut soulager, car trop de médecins assimilent encore problèmes de dos et problèmes psychologiques. Il n'en est rien. Tout est « mécanique et physique » et malheureusement pour certains incontournables …

La peur du cancer thyroïdien

Les nodules thyroïdiens sont courants chez les femmes, surtout après cinquante ans. La plupart du temps on se contente de les surveiller, surtout s'ils sont petits et anodins. Par prudence, on prescrira une échographie afin de voir s'ils sont « froids » ou « chauds » et on fera un dosage thyroïdien. On peut avoir des nodules sans avoir de soucis thyroïdien. On peut sentir une petite boule à la base du cou ou le nodule peut être détecté lors d'une visite médicale. La grande majorité des nodules sont bénins mais mieux vaut prévenir que voir son nodule se cancériser. L'opération interviendra souvent en cas de gêne à avaler (plutôt avec la maladie de Basedow). L'opération concerne environ 20 % des nodules, soit parce qu'ils provoquent une gêne importante ou une hypersécrétion hormonale, soit parce que le médecin suspecte un cancer. Souvent, on opère un gros nodule dont le diamètre est supérieur, en moyenne, à quatre centimètres, car il risque un jour ou l'autre d'occasionner des signes compressifs, tels une gêne pour avaler, respirer, ou une toux persistante.

Souvent, un adénome toxique est suspecté quand le taux de TSH dans le sang est anormalement bas, car cette hormone régule la thyroïde. Le cancer de la thyroïde ne doit pas faire peur. C'est un des cancers les mieux soignés. On enlève toujours la zone abîmée. Le chirurgien enlève une partie ou la totalité de la thyroïde. L'opération sous anesthésie générale dure entre une et deux heures. La plus courante consiste en une incision horizontale de trois à six centimètres à la base du cou mais une nouvelle chirurgie robotique et endoscopique permet une incision de trois centimètres qui est faite sous l'aisselle.

Un autre témoignage poignant, celui de **Joëlle,** née en 1963, originaire d'un magnifique département d'Outre-Mer, la Réunion, d'un papa polonais et d'une maman pure ariégeoise. Petite, elle fut sujette à des crises curieuses, convulsions, évanouissements. Ses parents l'emmenèrent consulter de nombreux médecins, des psys. On lui administra des traitements pour l'épilepsie, pour la tétanie, pour la spasmophilie. Déjà, on lui reprochait de faire exprès, de faire semblant. Quand la santé n'est pas au top, le moral s'en ressent. Même si elle avait réussi sa vie, son métier, son parcours restait parsemé de malaises, de chutes de tensions, de prise ou perte de poids. Elle se retrouva chez un endocrinologue qui lui trouva un nodule qu'il jugea bénin malgré une TSH en zigzag. Sa mère fut opérée d'un cancer de la thyroïde en 1972 à juste quarante ans et pourtant l'endocrinologue ne poussa pas les investigations. Tout était psychologique, dans la tête jusqu'au jour où son médecin traitant la fit hospitaliser. Verdict, rien à voir avec la fameuse glande. Ne serait-ce pas plutôt un anévrisme abdominal ? Une batterie de tests fut effectuée passant de l'IRM au scanner avec un résultat négatif. Rien de rien. « J'étais de moins en moins entendue, me raconte-t-elle. Personne ne s'informait de mon état, on ignorait mes malaises. J'avais l'étiquette guérie psy sur le front. »

On peut être certain que l'on devait rire d'elle derrière son dos ou même cancaner. Elle simulait ! C'était l'avis général. Personne n'avait écouté sa douleur. Personne n'avait voulu l'entendre. Personne n'avait pris le temps. Un jour, après de longues années, on transmit son dossier à un centre spécialisé dans l'épilepsie, et on lui diagnostiqua une encéphalite d'Hashimoto. Enfin un diagnostic. Un vague espoir vite stoppé, des tests par dizaines, mais aucun vrai traitement donné. Elle n'en pouvait plus, craquait et demanda une échographie qui révéla des nodules que l'on jugea anodins. Elle ne céda pas, réclama une ponction qui lui fut refusée. Pourtant il y avait les antécédents, les signes comme une gorge qui brûlait, mal du côté droit. Les jours étaient difficiles, son sommeil de plus en plus perturbé, sa santé de plus en plus déclinante. Elle savait au fond d'elle qu'il lui fallait cette ponction, que ce n'était pas juste imaginaire. « Les médecins ne m'écoutaient pas. Pour eux, on est tout de suite atteint d'un dysfonctionnement psychiatrique. J'ai beaucoup souffert. Il a fallu des années pour que mon endocrinologue finisse par faire une lettre en demandant cette ponction précisant juste que c'était à ma demande. Je suis tombée enfin sur un médecin à Toulouse, le docteur Fontaine, qui m'a écoutée, qui parlait avec les mots qu'il fallait, qui ne m'a rien caché. C'est lui qui m'a annoncé que j'avais un cancer papillaire d'Hashimoto, un cas rare et pourtant, je l'ai eu. »

Des années où Joelle ne fut pas écoutée, des années où on aurait pu éviter un cancer avec un bon traitement de départ. Après la solitude face à la maladie, elle s'est retrouvée face à un diagnostic difficile, un des cancers thyroïdiens les plus graves. Elle enchaîna l'opération, puis les soins intensifs et toujours l'indifférence du monde médical.

« Je me suis écroulée, en pleurs, mais j'ai continué à travailler. Mes collègues tout d'un coup ont changé. On m'a regardée différemment, de la pitié. Tout le monde prend des gants, ne sait pas quoi dire, oui cancer, le mot qui fait peur. J'en veux à la terre entière, pourquoi les gens furent-ils indifférents durant des années, s'en fichant de ma souffrance et dès que j'ai prononcé le mot cancer, ils ont changé de visage. C'était, avant, qu'il fallait agir. Je ne supporte plus leur attitude à tous. Ils me mettent dans un cocon. Mais c'était, avant, qu'il fallait le faire, avant, qu'il fallait m'aider et j'aurais ainsi évité ce fichu cancer. Puis vint l'étape de l'iode 131 à l'Oncopole. Là, on m'expliqua ce qui allait se passer. Le personnel fut compétent, enfin. On mit des mots sur chaque étape que je vivais comme si j'assistais à un film. On me fit enfiler un gant en latex, on vint me mettre une gélule dans la main qui arriva dans une boîte plombée. Ils prenaient des précautions. J'ai avalé quatre gélules, car il me fallait un dosage de 30, mais ils n'avaient pas la gélule de ce dosage, donc j'en ai eu plusieurs. Puis on a fermé la porte et là ce fut comme une prison. On ne pouvait plus sortir, heureusement qu'il y avait une grande baie vitrée, la télé et le téléphone gratuits. C'était un service à haut risque où les aides-soignants n'avaient pas le droit de travailler, où le ménage ne se faisait que lorsque vous quittiez la chambre. Il fallait se doucher et se laver la tête deux fois par jour et à l'entrée on vous demandait un pyjama propre que le personnel gardait pour la scintigraphie. Tout s'est bien passé. Je n'ai ressenti aucun effet secondaire. Je pensais qu'ils m'avaient donné un placebo tellement tout allait à merveille. Le temps passa vite. Personne ne rentrait dans la chambre, mais on me donnait ce que je voulais, un peu comme à l'hôtel. Même les repas étaient très bons ce qui est rare. La nuit, j'ai commencé à avoir de très forts maux de tête, des nausées, la bassine était prévue. Je n'ai pas voulu sonner, je ne voulais pas déranger, et puis j'étais au courant des effets indésirables. J'ai fait un malaise. J'ai dormi. Je n'avais plus aucune douleur. Le lendemain, on m'a apporté un pyjama propre, une chemise ouverte, des chaussons pour aller à la scintigraphie, mais là je me suis vraiment sentie malade. C'était le centre de cancérologie, et tout prenait une autre dimension. J'ai réalisé que j'avais un cancer, que j'allais peut-être mourir. Quand on est venu me chercher dans le service nucléaire, nous étions plusieurs. Ils nous prenaient par petits groupes, tous avec les vêtements qu'ils nous avaient donnés. Je me suis sentie dans le couloir de la mort. Le médecin m'expliqua qu'il me restait des métastases au fond de la gorge mais que l'iode allait agir, donc j'ai pu sortir. Par contre, en rentrant chez moi, je devais suivre des règles strictes, ne pas m'approcher des enfants, des femmes enceintes, des animaux, pendant plusieurs jours. Je suis rentrée chez moi avec une grosse déprime. Je ne sais pas, au jour d'aujourd'hui, si je suis guérie car j'alterne avec des ganglions, de la fatigue et personne ne me dit toujours rien. C'est difficile avec ma famille qui ne sait comment se comporter, qui ne sait quoi dire, oscillant entre la pitié et la peur. J'ai la haine contre le monde médical qui ne sait comment parler aux malades, qui ne m'ont pas écoutée, qui m'ont laissé développer ce cancer alors qu'il pouvait être évité. Mon endocrinologue ? Vous savez la meilleure ? Elle n'a jamais eu la décence de prendre de mes nouvelles, jamais eu le courage de décrocher son téléphone et de s'excuser de s'être trompée. Aujourd'hui, je vis au jour le jour dans l'attente, avec une lueur d'espoir au fond de moi, mais en même temps et c'est contradictoire, je me dis que je gâche ma vie, que je passe à côté de beaucoup de choses. Je n'ai pas cherché à être malade, je n'ai pas voulu avoir cette maladie, ce cancer. Le plus dur est cette souffrance, cette impuissance du corps médical. Il faut que la médecine s'intéresse à cette maladie jugée insignifiante. Bien sûr Hashimoto est une maladie pas trop grave mais les toubibs ont prêté serment, non ? Ils sont là pour nous soigner et mieux vaut prévenir que guérir. Au final, la sécu ne s'en portera que mieux.

Cancer thyroïdien

J'aurais voulu savoir ...

Le livre-témoignage de Joséphine.

Merci à Joséphine d'avoir accepté de
rejoindre notre cause.

Préface

J'ai décidé de faire ce témoignage, sans
aucune prétention, pour les personnes qui ont
été, sont ou seront, malheureusement un jour
dans le même cas que moi.
Ceci est mon histoire. Cela reste personnel,
je tiens à le préciser. Je sais pertinemment
que tout le monde vit les conséquences d'un
cancer de la thyroïde avec ablation de cette
dernière différemment d'une personne à une
autre autant le vécu, la prise en charge, le
ressenti, tous ne sont pas similaires. Ce livret
n'a pas pour but de faire peur. Au contraire,
je l'écris dans l'optique d'informer.
Il y a un AVANT et un APRÈS. On se
retrouve du jour au lendemain sans thyroïde
avec la prise d'un traitement à vie à base
d'hormones de synthèse qui s'avère vital.
Cela n'est pas toujours aussi simple qu'on
veut nous le faire croire.

Tout d'abord, je vais commencer par parler de l'AVANT. Mais avant quoi ? Avant cette fichue maladie.

Je commence par le début... Mon début.

Je vis le jour en été. J'ai eu une enfance très heureuse, des parents aimants. J'étais une bonne élève. J'avais mes copains, mes copines. J'ai eu ma mob à quatorze ans, mon permis et mon bac à dix-huit. J'étais sociable, insouciante et heureuse.

J'ai fait des études supérieures. Ne sachant trop vers quel métier m'orienter, j'ai d'abord fait un BTS, puis je me suis réorientée dans le social. Avant de terminer mes études, j'ai rencontré mon mari et eu un très beau mariage dans ma belle robe, puis deux ans plus tard j'ai connu l'un des plus grands moments de ma vie, la naissance de mon fils, un Bonheur incommensurable.

La vie s'étire, les joies de repas en famille au sens plus large.

J'ai repris mon travail après ma grossesse, m'y suis investie, malgré une charge de travail énorme, car les équipes n'étaient pas soudées. Il y avait beaucoup de tensions, ce qui rendait encore plus difficile la tâche. Résultat des courses, je ne m'y épanouissais pas, au contraire. Me rendre au travail est devenu limite un calvaire.

Côté vie privée, nous faisions des voyages en famille. Nous découvrions les Antilles où nous nous sommes rendus à trois reprises.

Côté professionnel, il fallait que cela change. Après une dizaine d'années dans la même boîte, j'ai franchi le pas et décidé d'orienter différemment ma carrière. Je suis partie travailler ailleurs. J'ai rencontré de supers collègues, une bonne entente. Mes meilleurs souvenirs au boulot datent de cette époque. Quelques années plus tard, j'ai eu envie de découvrir un autre aspect de ma profession : le travail de nuit.

Le roulement y est particulier, mais je m'y suis adaptée sans difficulté. C'est différent du travail de jour, mais cela me plaît.

Les mois passent pourtant soudain, tout bascule. Une journée ordinaire qui avait pourtant bien commencé. Un dimanche où je faisais des frites (Eh oui, cela m'a marquée). J'ai senti, par hasard, une petite boule dans mon cou plus précisément au niveau de la thyroïde. J'avoue que je n'y connaissais pas grand-chose à cette époque.

Lors d'une visite médicale, sans aucune appréhension, je parle de cette « petite boule ».

On me confirme bien qu'il y a quelque chose, et il est alors décidé de faire une échographie, histoire de voir s'il n'y a rien de grave. Je ne suis pas inquiète du tout, le médecin pense à un kyste très probablement. Je prends donc RDV et je me rends sereine à l'examen.

Le radiologue est très gentil et voit bien sur l'écran ladite « boule » et dans le lobe droit de la thyroïde, une deuxième plus petite.

Après un examen échographique minutieux, il me recommande de faire une cytoponction. Là, je dois avouer que je n'y attendais pas et ça m'angoisse un peu. Les larmes me montent aux yeux.

Je prends un RDV dans un autre hôpital où se font ces prélèvements. L'examen est rapide et indolore. J'en ressors sans aucune explication. Il ne me reste plus qu'à attendre les résultats.

Je revois mon médecin traitant quinze jours plus tard environ et au vu des conclusions de l'anathomopathologie, rien de très significatif, ni d'inquiétant, n'en résulte.

Delà, je demande à être dirigée vers un chirurgien, car je trouve que cette boule, que je sens sous mes doigts, grossit. De plus, esthétiquement, cela me dérange.

Quelques semaines plus tard, je rencontre le spécialiste.

D'emblée, il émet un avis favorable quant à l'ablation de ce nodule. Il me fait un schéma m'expliquant ce qu'il va faire, les risques encourus. Le nodule étant sur l'isthme, il propose de faire une isthmectomie, ablation uniquement de l'isthme, afin de conserver ma thyroïde. Ledit « nodule » sera analysé pendant l'intervention et le chirurgien procédera à une ablation totale de la thyroïde si le nodule s'avère être malin. « Mais ça », me dit le chirurgien « vous ne le saurez qu'à votre réveil »

Le risque que je sois atteinte d'un cancer est faible, de l'ordre de 3% ; quant aux autres aléas liés à l'opération, c'est l'atteinte possible des cordes vocales entraînant une voix rauque, un problème d'hypocalcémie. (un taux de calcium bas entraînant des fourmillements) . Si ablation de la glande j'aurais un traitement hormonal à vie. Rien selon le toubib, juste « un petit cachet à prendre tous les matins ». La date de l'intervention est fixée. Le RDV avec anesthésiste est fait. Il n'y a plus qu'à attendre le jour J. J'avoue être quand même angoissée qu'il puisse y avoir un cancer. Le mot me fait peur. J'essaie de me raisonner. Le chirurgien a dit que le risque était très faible. Alors pourquoi moi ? Mon entourage est soutenant, confiant, la cytoponction n'ayant rien révélé de grave.

L'intervention se déroule en ambulatoire. Au réveil, ma première question est de savoir si le chirurgien m'a enlevé ma thyroïde. NON. Ouf de soulagement. Niveau douleur, c'est satisfaisant. Je sors donc en fin d'après midi. La cicatrice est discrète, un trait fin. J 'attends tranquillement le RDV post opératoire qui a lieu deux jours avant mon anniversaire. Ce dernier est fixé à 9h30. Le verdict tombe sans appel. « vous avez un cancer ! ». Le chirurgien est attendu pour une intervention au bloc opératoire et me donne ce terrible diagnostic sans délicatesse. Je suis abasourdie, mes oreilles bourdonnent, j'ai une sensation vertigineuse. On vient de m'annoncer que j'avais un cancer comme on m'annoncerait que j'ai eu une mauvaise note en math. « Je vous avais expliqué les risques lors de la dernière consultation, en cas de thyroïdectomie alors, je vous réopère quand ? ». Mon sang ne fait qu'un tour, et je ne me rappelle plus trop de la fin de la consultation. J 'appelle à la maison, car je suis venue seule au RDV, je pleure. On m'a parlé de cure d'iode aussi probablement dans un centre où ma grand-mère a été soignée pour un lymphome ; ça me remémore trop de mauvais souvenirs. J'ai le sentiment que ma vie m'échappe. J'ai peur de mourir pour la première fois de ma vie.

L'été s'écoule, entre appréhensions, questionnements, et angoisse. On m'a dit des choses inquiétantes, le mot « cancer » a été prononcé avec une indifférence déconcertante. Et surtout, je n'ai pu poser aucune question. La faute au manque de temps, à la banalisation ? Est-ce normal de ne pas avoir d'examens complémentaires ? Je fais comme beaucoup de personnes, je vais surfer sur internet ce qui ne fait que majorer mes angoisses. Mes nuits sont hantées de cauchemars.

Le jour de la seconde intervention arrive. Cette fois-ci, je dois rester dormir au minimum une nuit. Je descends au bloc avant 10h et retrouve ma chambre pour 16h. Je n'ai pas mal ; j'ai deux drains. Je sors le lendemain après-midi après l'ablation des redons, tubes utilisés pour le drainage après une intervention chirurgicale, et le dosage du calcium. J'appréhende la prise du fameux « petit cachet » ; il faut dire qu'on est en plein dans le scandale du Lévothyrox. Je n'ai pourtant rien lu à ce sujet, histoire de ne pas être influencée. J'ai juste peur de ne pas le supporter et d'avoir la nausée avec ! Le chirurgien évoquera négativement ce scandale qui n'a aucune raison d'être selon lui. Mais la polémique enfle, les malades ont peur ; il me dira même qu'une de ses patientes a refusé de se faire opérer à cause de ce qui se dit sur la nouvelle formule. Le laboratoire MERK vient de sortir une nouvelle forme de Lévothyrox en ayant paraît- il modifié les excipients pour une meilleure stabilité du produit ; seulement beaucoup de patients ne le supportent pas et ont beaucoup d'effets secondaires. Depuis 2022, les malades ont gagné contre ce laboratoire.

Après, c'est la vie sans thyroïde
Les premiers jours se passent plutôt bien. Je tolère « le petit cachet » qui me permet de vivre, on va dire, puisqu'il va de soi que, sans thyroïde, il nous faut des hormones de synthèse. Je suis très assidue à la prise. Je mets ma boîte et mon verre d'eau près de mon lit, et le prends à heure régulière tous les matins : j'attends 30 min avant de déjeuner.
Mon cou, selon moi, ressemble plutôt à « un cou de bœuf ». Les drains ont été enlevés le lendemain de l'intervention. Peu importe, cet hématome va se résorber. La cicatrice est plus longue cette fois. Le chirurgien a fait en sorte de «rouvrir » au niveau de la précédente cicatrice, afin qu'esthétiquement, ce soit plus joli. Mais vu qu'il y avait une

ablation totale et un curage, il a ouvert un peu plus. Ce n'est qu'un détail. (et pour être honnête ça m'est égal ; l'esthétique de cette cicatrice n'est pas ma priorité).

Les jours passent, je fais mon premier dosage de TSH : il est « dans les normes du laboratoire ». J'atterris pourtant aux urgences un soir tellement je suis essoufflée : examens faits, biologie, radio, RAS. Je rentre à la maison, angoissée de rester ainsi, mais le médecin m'a dit qu'il n'y avait rien. Le temps s'écoule, et arrive le rendez-vous post-opératoire avec le chirurgien : il est content de mon dosage de TSH. Pourtant, je lui explique que « je ne me retrouve pas, que c 'est difficile de remonter la pente ». Il met cela sur le compte des deux interventions rapprochées. Le centre de cancérologie a demandé un dosage de la thyroglobuline, d'ici 2 mois, pour évaluer s'il y a lieu de faire la cure d'iode. La thyroglobuline, c'est un dosage dans le sang qui est fait ; le marqueur pour le cancer de la thyroïde.

Ce qui me dérange dans tout cela, c'est que je n'ai jamais accès à mon dossier. On me rapporte oralement les décisions, mais c'est tout. Je demande à être suivie par un endocrinologue. Je ne suis pas entendue. Les jours se succèdent et se ressemblent.

Décidément, je ressens toujours ce mal-être, cette tristesse, des envies de pleurer sans raison, des troubles du sommeil, des douleurs à « me sentir dans un corps d'une personne âgée », des épisodes de stress. Je peux « être bien » quelques jours et hop, mon état change. C'est le retour d 'angoisses, le moral dans les chaussettes. Je n'en peux plus. Le médecin du travail, à l'écoute, met le doigt sur un détail : et si ça venait du médicament ? On me prescrit le L-thyroxin d'HENNING, mais il faut du temps pour voir s'il y a une amélioration. La TSH varient toujours, même si je garde le même dosage. À ne rien y comprendre et à côté de cela toujours le lot d'effets indésirables. Un matin, 30 minutes à une heure après la prise du comprimé, me voilà avec une éruption cutanée et un œdème. Rendez-vous pris en urgence chez le médecin : résultat, je fais une allergie au traitement. Allez, rebelote, je dois, de nouveau, changer de traitement substitutif. Ce sera TCAPS. Toujours le yoyo, pas de stabilité Je prends conscience qu'« avoir une TSH dans les normes » ne signifie pas grand-chose ; tout malade de la thyroïde qui a un traitement l'apprend . Il faut trouver la fameuse « zone de confort » où on ne se sent « pas trop mal » (même si cela n'empêche pas d'alterner bons et mauvais jours). Seulement avec TCAPS, les dosages ne sont pas « assez fins », pour tenter de maintenir une TSH qui doit être quelque peu freinée du fait que j'ai un cancer. Conséquence ou non de la prise de TCPAS, toujours est-il que je fais des poussées de tension. Et me voilà maintenant avec un traitement en plus : un anti-hypertenseur. Mais avec ce comprimé supplémentaire ma tension baisse de trop ; il m'arrive d'être à neuf certains jours. Le médecin réajuste alors le traitement anti hypertenseur. Je ne cache pas que le lot de fatigue brutale et extrême, l'irritabilité, les douleurs musculaires (avec des tendinites), articulaires, les troubles du transit, la tachycardie (pour laquelle on me prescrit un bêta bloquant et encore un comprimé de plus !), les troubles de la concentration avec des pertes de mémoire (à chercher des mots) qui ne me lâchent pas , sans oublier la perte de cheveux secs et cassants comme mes ongles, la transpiration excessive, l'essoufflement pour monter des marches. Ils sont plus ou moins accentués mais ne me lâchent jamais totalement. À noter quand même que je connais des jours où c'est la forme ; presque trop bien devrais-je dire, mais ça ne dure pas. Ces cycles se succèdent. C'est épuisant, tant pour moi que pour mon entourage. Je n'y comprends rien, et j' en veux à tort à mes proches de ne pas pouvoir m'aider. Mais, si la médecine ne peut rien pour améliorer ma qualité de vie, qui le pourra ?

Je suis injuste, j'en arrive à en vouloir à tout le monde, car j'ai le sentiment d'être seule et de me battre contre un ennemi invisible. Je regrette tellement ma vie d'AVANT. J'en viens à regretter de m'être fait opérer. Et pourtant, je n'avais pas le choix, car j'avais un cancer. Je peux descendre bas en TSH, ou monter haut, sans changement de dosage. On tente une nouvelle molécule, ce sera L-Thyroxin SERB. J'en ai plus que marre. On espère que cette forme buvable avec une plus grande finesse de dosage sera meilleure pour mon organisme, puisque, paraît-il, je suis « hypersensible » au traitement, et que le moindre changement de dosage à des fortes répercussion sur mon corps.

J'ai vu trois endocrinologues. Pourquoi ? Le premier, c'est finalement le centre de cancérologie qui a demandé à ce qu'il me suive, n'était pas à l'écoute, et pour lui, je n'acceptais pas d'avoir un cancer, et donc, mes « problèmes venaient de là ». J'ai donc accepté de consulter un psychologue, qui m'a dit que mes problèmes venaient de l'endocrino, qui ne m'avait pas expliqué ma maladie (ce que je confirme).

Le deuxième spécialiste était plus « intéressé » par les patients diabétiques. Par rapport aux troubles de l'humeur, aux excès de stress, sa réponse a été : « vous êtes bipolaire ? » ? J'en ressortais déprimée, anéantie parfois de ces consultations. Limite, les patients avec des problèmes de thyroïde sont des « patients atteints d'une maladie mentale », pire, on ne nous entend pas, on ne nous écoute pas, on ne cherche pas à nous comprendre. C'est « prenez votre traitement, votre TSH est dans les normes, tout va bien, on se revoit dans un an ». Je suis allée chercher des réponses à mes questions restées sans réponse et c'est auprès d'associations que je les ai trouvées. Au lieu d'être jugée, on m'a écoutée, expliqué, rassurée. NON, je n'étais pas seule. NON je n'inventais pas. OUI, les thyroïdectomies, les maladies thyroïdiennes ne sont pas à prendre à la légère car elles interfèrent sur notre vie quotidienne, notre vie familiale, notre vie en général.

C'est regrettable qu'en 2021, certains spécialistes ne nous prennent pas encore au sérieux et nous laissent parfois dans notre souffrance psychologique, parfois physique et ça, ça fait mal. Déjà on est malade, c'est la double punition « La faute à la recherche ? »

Aujourd'hui, je suis en rémission, ça fera quatre ans bientôt. Dire que tout est redevenu comme AVANT serait un simulacre. J'ai eu de la chance de rencontrer des personnes « géniales » dans des associations, dévouées, qui m'ont beaucoup aidée et apportées. La Ligue contre le Cancer m'a permis de gagner en sérénité avec les dix séances proposées gratuitement aux malades. Pour ce qui est de retour au travail, il faut « retrouver » sa place. Ce qui n'est pas toujours aisé. Si on est en moins « grande forme », on n'est pas toujours compris. Pourquoi ? Car la maladie est mal connue et il y a encore trop de préjugés du style « Ah ! Elle est énervée aujourd'hui ? C'est à cause de sa thyroïde ! », comme si les gens « avec leur thyroïde qui fonctionne » n'étaient jamais énervés !

Je dors beaucoup, souvent, alors pourquoi suis-je toujours autant fatiguée ? Limite, il faudrait que « je mente » en disant que je dors peu, on comprendrait que je sois fatiguée. Dans quel monde vivons-nous ? Un collègue m'a dit une fois « Chacun sa m**** ! ». J 'ai repris d'abord à mi-temps thérapeutique, puis j'ai essayé le temps plein par la suite qui ne me correspondait plus. Du coup, j'ai opté pour un temps partiel avec le soutien de la médecine du travail. J'ai omis de parler du poids, qui fait le « yoyo », des symptômes hyper/ hypo qui peuvent être mélangés, de la transpiration excessive, aucunement comparable avec la ménopause.

Sans ledit « chef d'orchestre » de notre corps, j'ai nommé la thyroïde, nous n'avons plus de « thermostat ». J'en arrive encore certains jours à avoir « honte » d 'être comme je suis, parce que ce n'est pas moi, je n'étais pas ainsi AVANT.

Il faut prendre beaucoup sur soi certains jours, c'est difficile. Au réveil, il m'arrive d'avoir beaucoup de mal à me lever, l'impression de ne pas avoir dormi ; mon portable est sur ma table de nuit et il peut sonner, je ne l'entends même pas. Au lever, il me faut un certain temps pour émerger et la journée peut s'écouler en étant HS, incapable de réaliser les tâches que j'avais prévu de faire. Parfois je refuse les invitations car je me sens fatiguée et au bout d'un certain moment, j'ai du mal à rester concentrée sur la conversation. En période de beau temps, de chaleur, je suis encore plus malheureuse car je suis trempée dès le lever à tel point que l'on a l'impression que j'ai fait un shampoing. Là aussi, j'ai honte de sortir. L'hiver, je supporte très difficilement les chaussures fermées alors je prends une pointure au-dessus pour ne pas être serrée dedans et les chaussettes, je n'en mets plus. Seuls mes proches, des amies, de très bons collègues s'inquiètent pour moi, de mon état de santé. Heureusement que j'ai ce soutien.

La cure d'iode, au final, je n'en ai pas eue ; la thyroglobuline (qui sert de marqueur dans ce type de cancer) était indétectable. Tous les ans, j'ai ce dosage à faire (c'est une prise de sang) et tous les deux ans, j'ai une échographie de la loge thyroïdienne. Je suis toujours en ALD (affection de longue durée) décidée pour cinq ans. L'homéopathie m'a apporté une amélioration quant au stress, la tristesse.

Voilà mon histoire ...

J'en profite pour glisser ici mes remerciements.

Je tiens à remercier tout d'abord ma famille proche qui sait ce que j'ai enduré, ce que je vis au quotidien et qui est bien malheureuse de me voir ainsi car démunie de ne pouvoir m'aider davantage. Leur soutien est capital. Un grand merci , je vous aime tellement.

Merci aux deux associations, l'envol du papillon et les malades bretons de la thyroïde, spécialement Sylvie, Martine qui malgré leurs problèmes m'ont toujours accordé de l'attention, ces deux personnes comptent tellement pour moi.

Pour conclure :

Il y a peut-être davantage de personnes qui vivent « bien » avec les maladies thyroïdiennes (en l'occurrence ici, l'ablation de la thyroïde pour cause de cancer) qu'il n'y en a qui en souffrent. Je n'ai pas la réponse. Personne ne l'a. Et tant mieux pour ces personnes qui ont la chance de « vivre comme avant ». Cette différence s'explique peut-être par les nombreux et différents troubles thyroïdiens qui existent. Ce qui me dérange ce sont les remarques du style « Moi, je vis bien ma thyroïdectomie » (sous-entendu c'est anormal que d'autres la vivent mal, comme si on le faisait exprès, comme si on inventait).

Dans ces quelques lignes que je confie à Sylvie, j'ai retranscrit mon histoire et je sais que je suis loin d'être seule à tenter « d'apprivoiser cette fichue maladie ».

C'est aussi un espoir que je veux livrer. Si vous souffrez de ces pathologies, si vous vous sentez seul, pas entendu, incompris, que vous avez besoin de renseignements, tournez-vous vers des associations. Au final, c'est auprès d'autres malades que vous trouverez des réponses, du soutien car eux savent exactement ce que l'on vit. Il faut le vivre pour le comprendre et c'est là que l'expression « ne pas juger » prend tout son sens.

Enfin, je voudrais expliquer le titre de ce « livre » : J'aurais voulu savoir.

OUI j 'aurais voulu savoir avec l'aide du corps médical ce qui m'attendait après cette thyroïdectomie, les conséquences que cela pouvait entraîner. Certes des études sont toujours en cours mais même si ce cancer est relativement rare (4 % de tous les cancers confondus), l'ablation de cette glande est réalisée depuis très longtemps. Donc ils savent.

Et pourtant on n'est toujours pas entendus, ni écoutés, alors que le bien-être est au centre de bien des débats.

Faut-il davantage de malades thyroïdiens pour qu'enfin, nous soyons entendus ?

Texte protégé de Joséphine

Hashimoto et Tchernobyl, un lien ?

Certainement, Tchernobyl, un des gros scandales de notre vingtième siècle, ce nuage passé au-dessus de nos têtes qu'on nous a volontairement caché. Mon petit bonhomme avait deux ans lorsque cette saloperie, son cancer s'est déclaré. L'hôpital spécialisé était bondé. Tous ces enfants atteints subitement, et on voudrait continuer à nous faire avaler des couleuvres ?

Un an après son décès, un médecin, décédé aujourd'hui, est venu me dire sous le sceau du secret que son cancer embryonnaire était lié à cette catastrophe nucléaire. Il aurait suffi d'une petite pastille d'iode pour que rien n'arrive !

Et moi ? Allergique à l'iode, je n'aurais pas échappé à ma situation actuelle.

Un autre spécialiste me disait il y a 6 ans que les maladies de la thyroïde avaient augmenté de plus de 50% depuis Tchernobyl, que si mon fils avait été touché de plein fouet par ce nuage ignoré alors moi aussi. Hashimoto était certainement là, quelque part dans mes cellules, attendant de se déclencher. Ce spécialiste convaincu, et convaincant, m'a affirmé que j'avais dû subir un choc si violent que mon corps a mis un stop définitif.

Il n'aurait su mieux dire !

Aujourd'hui, dix ans après, je vis avec cette fichue maladie. Peu importe au final d'où elle vient, cela n'est plus important. Elle est juste là, bien présente. Aucune personne ne réagit pareil face à Hashimoto. Certains auront l'immense chance de n'avoir qu'une petite fatigue (eh oui ! Il y en a !) Et ceux-là iront souvent casser le moral des autres avec leurs leçons de morale. D'autres, comme moi, subiront cette destruction avec violence. Ma thyroïde s'est volatilisée en trois mois ne laissant que 30%. Allez faire repartir un organisme avec si peu. Même si les médicaments sont efficaces, et heureusement, ce fut le cas, rien ne remplace une thyroïde intacte.

Vivre avec Hashimoto, c'est vivre avec un couperet au dessus de la tête en permanence. Tout va bien et d'un coup, sans prévenir, on s'écroule durant quelques jours. Rassurez-vous, si on est comme moi une battante, on s'y fait, le monde extérieur n'en sait rien. On assume même son travail, sa vie personnelle, en serrant les dents. Personne ne voit si nous sommes en loques, parce qu'au fond, tout le monde s'en moque. Notre monde est ainsi. Terriblement égoïste.

Pourtant, il faut que cela change, il faut que des combats soient menés, que ces maladies soient reconnues, que nos 80% thérapeutiques soient acceptés pour nous éviter de continuer une destruction de notre corps. Car Hashimoto, on le sait tous, n'est qu'une première étape.

Névrose, déprime, dépression, paranoïa, de nombreux malades Hashimoto, ou victimes d'une autre maladie thyroïdienne se voient attribuer ces qualificatifs. Réducteurs, mais comme aurait dit mon grand-père, pas complètement faux. La glande thyroïde a une influence dans l'équilibre de l'organisme, et ces hormones agissent au niveau du cerveau. Elles modulent le fonctionnement des cellules de notre système nerveux central, et notamment des cellules qui fabriquent un neuromédiateur, la sérotonine, bien connues pour agir sur notre humeur et notre psychique. Un pas vers la dépression, un autre vers les sautes d'humeur. Il a été mis en évidence qu'une hypothyroïdie multiplierait par sept les troubles de l'humeur.

À cela va s'ajouter des signes débutants de perte de mémoire, concentration, pouvant apporter anxiété, angoisse voire peur.

De nombreux malades nous relatent souvent qu'avant de les diagnostiquer, elles furent longtemps traitées pour névrose obsessionnelle, certaines furent même internées.

Le raccourci est donc rapide, Hashimoto est une maladie de femmes (pauvres hommes qui en sont atteints), de préférence de « femmes folles » qui inventent, psychotent, ont besoin d'attention, et ainsi inventent des symptômes.

L'affaire du nouveau Levothyrox a enfin montré au monde qu'il y avait de nombreux patients avec une thyroïde bousillée et heureusement qu'aucune de ces personnes n'était folle. En souffrance, par contre, oui ! Un malade de la thyroïde se sent dépassé, seul, sans véritable compréhension. Il ne comprend pas, comme dans la plupart des autres maladies la raison, à la différence que la perturbation endocrinienne peut augmenter ces angoisses.

Lorsque nous sommes malades, nous cherchons toujours le pourquoi. Cela devient même une obsession surtout si la TSH n'est pas stabilisée. Avec le recul, je me pose cette question. Devons-nous vraiment toujours chercher une raison à tout ?

Le corps réagit aux agressions de la vie. Psychologiquement, c'est difficile à supporter, se dire que nous sommes les magiciens de nos vies pour notre bonheur et aussi pour notre malheur.

Qui peut accepter l'idée que son corps se détruit par sa propre volonté ?

Basedow, un peu d'histoire

La maladie de Basedow doit son nom à Carl von Basedow. En 1840, il fut le premier Allemand à décrire une hyperfonction de la thyroïde.
C'est une maladie auto-immune de la thyroïde dans laquelle le malade va développer des anticorps contre lui-même.
La conséquence de cette pathologie est une production très importante d'hormones thyroïdiennes causant une augmentation de taille de la glande et une hyperthyroïdie (augmentation du taux d'hormones thyroïdiennes dans l'organisme).
C'est pour cette raison que Basedow est majoritairement associé à une hyperthyroïdie.

La maladie de Basedow est détectée biologiquement par une prise de sang qui vise à doser les hormones thyroïdiennes et détecter la présence d'anticorps. On peut aussi recourir à l'imagerie, par le biais d'une échographie ou parfois d'une scintigraphie, examen permettant d'observer la fixation d'iode sur la thyroïde.

La thyroïde est une glande endocrine, produisant des hormones essentielles dans la régulation des différentes fonctions de l'organisme se situant au niveau de la partie antérieure du cou, en dessous du larynx. La thyroïde produit deux hormones principales : la triiodothyronine (T3) et la thyroxine (T4). La première étant produite à partir de la seconde. La triiodothyronine est également l'hormone la plus impliquée dans le développement de nombreux tissus de l'organisme. Ces hormones circulent au travers du corps grâce au réseau sanguin. Elles sont ensuite distribuées aux tissus et cellules cibles.

Les hormones thyroïdiennes entrent en jeu dans le métabolisme (ensemble de réactions biochimiques permettant à l'organisme de maintenir un état d'équilibre). Elles entrent aussi en jeu dans le développement du cerveau, permettent le fonctionnement optimal du système respiratoire, cardiaque ou encore nerveux. Ces hormones régulent également la température corporelle, la tonicité musculaire, les cycles menstruels, le poids ou encore le taux de cholestérol. En ce sens, l'hyperthyroïdie entraîne alors des dysfonctionnements, plus ou moins importants, dans le cadre de ces différentes fonctions de l'organisme.

Ces hormones thyroïdiennes sont elles-mêmes régulées par une autre hormone :

l'hormone thyréotrope (TSH). Cette dernière est produite par l'hypophyse (glande endocrine présente au niveau du cerveau). Lorsque le taux d'hormones thyroïdiennes est trop faible dans le sang, l'hypophyse libère alors davantage de TSH. A contrario, dans le cadre d'un taux d'hormones thyroïdiennes trop élevé, la glande endocrinienne du cerveau répond à ce phénomène, par une décroissance dans la libération de TSH.

La maladie de Basedow est une hyperthyroïdie auto-immune, une pathologie causée par une déficience du système immunitaire. Celle-ci est notamment due à une circulation d'anticorps (molécules du système immunitaire) capables de stimuler la thyroïde. Ces anticorps sont dénommés : anti-récepteurs à la TSH, autrement appelés : TRAK.

Le diagnostic de cette pathologie est alors affirmé lorsque le test anticorps TRAK est positif.

Le traitement thérapeutique de cette maladie dépend directement du taux d'anticorps TRAK mesuré dans le sang.

Tout est dans la tête !

Que de fois les malades entendent cette phrase de la part des médecins, eux qui devraient justement être bienveillants :
« Tout est dans la tête ! »
Eh bien non !

La thyroïde est une petite glande de 30 grammes qui régularise les activités métaboliques de notre corps. Elle est le thermostat du corps humain.
Des médecins ont tendance à dire que « tout est dans la tête », car un malade en hyperthyroïdie va développer des manifestations dépressives associées à une anxiété, une irritabilité, une variabilité de l'humeur, des troubles du sommeil, de la concentration et parfois aussi des troubles du comportement. Seulement cela ne veut pas dire que la personne est folle. Cela signifie juste qu'elle est malade. Il serait bon que les nombreux praticiens s'intéressent à cette petite glande au lieu de prescrire à tour de bras des antidépresseurs ou des anxiolytiques.
Une étude montre que l'on retrouve une tendance dépressive chez 40% des personnes présentant un hyperfonctionnement de la thyroïde. De même, un hypofonctionnement

de la glande thyroïde multiplierait par 7 le risque d'autres troubles de l'humeur.

Qu'est-ce qu'une thyroïdectomie ?

La thyroïdectomie consiste à retirer de manière chirurgicale la thyroïde. L'ablation peut être totale, subtotale ou partielle en fonction de la pathologie originelle. De même, l'opération peut être pratiquée avec ou sans curage. La thyroïdectomie est généralement réalisée sous anesthésie générale, mais certaines techniques d'hypnose permettent également une opération non médicamenteuse.

Une thyroïdectomie, ça fait mal ?

L'ablation de la thyroïde n'est pas une opération reconnue pour sa douleur. À la sortie du bloc opératoire, elle est gérée par l'anesthésiste en collaboration avec le chirurgien. Durant les premières heures, les effets de l'anesthésie se font encore ressentir et la douleur est quasi inexistante. Lorsque la zone opérée est totalement réveillée, la douleur s'apparente à celle d'une forte angine.
Il ne faut pas négliger pour certaines malades que l'ablation de la thyroïde peut poser problème. Tout n'est pas toujours positif.

Après l'intervention, le malade peut présenter des altérations de la voix, telles qu'une raucité, une difficulté à parler fort, une fatigue vocale et un changement de ton. Ces altérations sont dues à la lésion des nerfs pharyngés qui aboutissent au larynx pendant l'opération. Une difficulté est la proximité des parathyroïdes. Situées derrière la thyroïde, ces quatre petites glandes régulent le taux de calcium dans le sang. On mesure en général le calcium et la vitamine D fréquemment donnée après l'intervention. En général, s'il y a un déficit en calcium, il est transitoire et le traitement peut être arrêté. Dans les cas très rares où le déficit est permanent, le traitement est donné à vie et la calcémie surveillée régulièrement.

Quelles sont les complications d'une thyroïdectomie ?

La thyroïdectomie fait partie des opérations qui ont le moins de complications. Après le traumatisme de l'opération, dans de rares cas, il arrive que les glandes parathyroïdes s'arrêtent temporairement de fonctionner. Cet état est transitoire et peut être corrigé avec la prise de calcium. En général, le traitement n'excède pas 21 jours. Lors de l'opération, le nerf récurrent peut être victime de lésions.

Cela peut occasionner des paralysies de la corde vocale correspondante. Ce traumatisme est transitoire. De manière rarissime, il arrive qu'un hématome compressif se forme dans les heures qui suivent l'intervention. Cette complication est la seule qui induit une urgence vitale et nécessite une nouvelle opération. Comme pour toute opération, une infection de la plaie peut se produire. Elle est exceptionnelle et sans gravité.

Quelles sont les suites postopératoires d'une thyroïdectomie ?

Si l'opération se passe bien, le drain est retiré dans les 24 à 48 heures et l'alimentation peut être reprise dès le lendemain de l'intervention. La sortie survient généralement dans les 3 jours. La cicatrice est laissée à l'air libre, mais ne doit pas être mouillée pendant minimum 10 jours. Des hormones thyroïdiennes sont généralement prescrites. Le traitement doit être suivi à vie.

Durant Basedow

La survenue de troubles mentaux, en particulier de l'humeur, au cours des affections thyroïdiennes est connue depuis plus d'un siècle. Réciproquement, des traumatismes psychologiques peuvent avoir un rôle dans le déclenchement de certaines endocrinopathies, comme dans la maladie de Basedow. « Ces dernières années ont vu le développement des examens neuroendocrinologiques chez des patients atteints de troubles psychiatriques indemnes de toute affection endocrinienne, afin d'évaluer l'activité du système limbo-hypothalamo-hypophysaire. Si de nombreuses anomalies neuroendocriniennes ont été décrites au cours des troubles psychiatriques, les méthodologies qui sous-tendent de telles explorations sont loin d'être standardisées. Ainsi, les résultats qui en découlent, parfois contradictoires, se doivent d'être évalués de manière critique. Les tests neuroendocriniens demeurent de précieux outils d'investigation mis à la disposition du clinicien et du chercheur, mais leur pertinence dépend du contexte dans lequel ils sont utilisés. » (texte scientifique trouvé sur Internet.)

En résumé, ce texte montre que Basedow peut être à l'origine de troubles du comportement parfois violents.

Un exemple médical est rapporté pour illustrer ces faits :

La famille a noté progressivement l'apparition d'une irritabilité et d'une insomnie marquée. La patiente a commencé à présenter des états d'agitation répétés, à verbaliser des propos incohérents, un vécu persécutoire. Cette évolution s'est faite d'un seul tenant sans retour à l'état pré morbide, et devant l'aggravation progressive de sa symptomatologie, la patiente a été ramenée en consultation psychiatrique par sa famille. L'examen psychiatrique a trouvé une patiente instable sur le plan psychomoteur, avec une angoisse très marquée. L'exploration de la pensée a révélé la présence d'un syndrome délirant mal systématisé, à thème de persécution, à mécanisme intuitif et rapporté avec conviction et forte charge affective, ainsi que la présence d'éléments dissociatifs avec des réponses à côté et des verbigérations.

Cette patiente était simplement atteinte de Basedow !

Les symptômes les plus fréquents

La maladie de Basedow est à l'origine de plus de 60% des hyperthyroïdies. Cette maladie auto-immune touche principalement les femmes.

Au cours de cette maladie auto-immune, le système immunitaire va produire des anticorps dirigés contre la thyroïde. Ces derniers vont stimuler de manière trop importante la glande, qui va alors produire des hormones en trop grandes quantités. Ce qui distingue cette maladie des autres formes d'hyperthyroïdie est son irrégularité. Des phases de poussées et de rémissions s'alternent de façon imprévisible.

Les hormones fabriquées par la thyroïde permettent de réguler le rythme cardiaque, les cycles menstruels ou encore la consommation de calories ou d'oxygène par les cellules. En ce sens, une surproduction de ces hormones entraîne de nombreuses conséquences, comme si le corps était en surrégime. La maladie de Basedow étant une forme courante d'hyperthyroïdie, elle en possède donc tous les symptômes. Une fatigue générale et une faiblesse musculaire, une perte de poids, une transpiration excessive, une soif importante, une accélération du rythme cardiaque et/ou palpitations, une intolérance à la chaleur, des tremblements, des diarrhées.

Cependant, ce qui lui est propre est l'augmentation du volume de la thyroïde et l'apparition d'un « goitre ». Il peut également s'opérer une exophtalmie, c'est à dire le gonflement des yeux et la sortie du globe oculaire hors de son orbite. Les yeux peuvent être aussi rouges et larmoyants.

Attention ! Chaque personne est différente ce qui fausse parfois le diagnostic. On peut avoir des prises de poids avec Basedow et des pertes de poids avec Hashimoto. De même une accélération cardiaque avec Hashimoto, ce qui peut induire en erreur. Il est donc primordial de ne pas tester exclusivement la TSH qui pourra fort bien être dans les normes alors que les Track seront immenses ou les TPO. Aucun médecin ne devrait se fier juste à une analyse. L'écoute du malade, de ses symptômes est importante.

Rappelons que Basedow est une maladie qui est guérissable pour certains à l'inverse de Hashimoto qui est une maladie auto-immune à vie.

Notons également qu'un malade Basedow peut fort bien ensuite développer une maladie Hashimoto. L'inverse est plus rare.

Bien diagnostiquer Basedow est important si on veut éviter une crise thyréotoxique.
La crise thyréotoxique, ou intoxication par les hormones thyroïdiennes, se produit lorsque la thyroïde s'emballe et relâche rapidement une grande quantité de T3/T4. Cette crise est une urgence médicale grave, car elle peut déclencher une fièvre élevée, une insuffisance cardiaque ou un coma. Elle reste relativement rare. Autrefois, la crise

thyréotoxique était toujours mortelle. Aujourd'hui, les soins d'urgence permettent de la traiter dans la grande majorité des cas.

Les traitements

L'objectif des traitements est de retrouver un fonctionnement normal de la thyroïde afin, d'une part, de soulager la personne atteinte de la maladie de Basedow et, d'autre part d'éviter la survenue de crises aiguës thyréotoxiques, caractérisées par une accélération du rythme cardiaque pouvant causer une insuffisance cardiaque grave.

On distingue deux types de traitements : l'un dit conservateur, qui « garde » la thyroïde et d'autres, plus radicaux qui la détruisent.

Le traitement conservateur est médicamenteux. Le malade doit prendre un antithyroïdien de synthèse pendant une durée de 12 à 18 mois en moyenne. Après les premières semaines de traitement, la TSH reste très faible, et le restera souvent plusieurs mois, mais la T4 ou la T3 peuvent être de nouveau normales. Après 18 mois de traitement, le médecin décide d'une diminution progressive de la posologie des antithyroïdiens de synthèse jusqu'à l'arrêt final. Une surveillance annuelle se poursuit pendant deux à trois ans. En cas de récidive, soit le traitement conservateur est repris, soit il est envisagé de recourir à un traitement radical.

Il existe deux traitements radicaux :

- L'ablation chirurgicale de la thyroïde.

- La prise d'iode radioactif.

Les deux traitements sont le plus souvent suivis d'une hypothyroïdie nécessitant un traitement hormonal substitutif à vie par des hormones thyroïdiennes.

Le traitement de l'hyperthyroïdie par les antithyroïdiens de synthèse
Les antithyroïdiens de synthèse réduisent la production d'hormones par la thyroïde. Ils permettent d'obtenir des valeurs normales en 3 à 8 semaines. Un traitement d'entretien doit ensuite être poursuivi pendant plusieurs mois.

Les effets secondaires des antithyroïdiens de synthèse :
-        Allergies cutanées,
-        Retentissement hépatique avec augmentation des enzymes hépatiques,

- Chute du taux des globules blancs, surtout réaction immuno-allergique brutale avec chute massive des globules blancs survenant le plus souvent en début de traitement.

Des analyses de sang régulières sont nécessaires durant le traitement :

- Pour surveiller l'évolution du taux des hormones thyroïdiennes et de la TSH,
- Pour contrôler la numération sanguine (essentiellement nombre de globules blancs) et la fonction hépatique en raison des possibles effets secondaires.

Des médicaments parfois utiles pour soigner les conséquences de l'hyperthyroïdie :

- Des bêta-bloquants pour réduire les troubles du rythme cardiaque (tachycardie).
- Des corticoïdes pour les troubles oculaires de la maladie de Basedow.

50% des Basedow guérissent au bout de dix-huit mois. D'autres vont avoir recours à la prise d'iode. L'ablation sera le dernier choix. Il est parfois plus difficile sur le long terme de vivre sans thyroïde.

« Le traitement par antithyroïdiens de synthèse d'une durée qui ne sera pas inférieure à 12 mois, permet la guérison environ une fois sur deux. À l'arrêt du traitement médical, les rechutes sont fréquentes dans les deux ans et exceptionnelles à plus de cinq ans. » Contrairement à sa cousine Hashimoto dont le traitement sera à vie !

Lors de traitement contre l'hyperthyroïdie, les médicaments prescrits visent soit à réduire les taux sanguins d'hormones thyroïdiennes (en bloquant leur production par la thyroïde), soit à soulager les symptômes et, en particulier, à soutenir le cœur si l'accélération du rythme cardiaque est trop élevée. De plus, chez les patients dont la thyroïde a été neutralisée ou enlevée, des hormones thyroïdiennes de synthèse sont administrées pour rétablir leur taux sanguin normal. Ces médicaments bloquent la production des hormones thyroïdiennes par la thyroïde. Ils permettent de contrôler efficacement l'hyperthyroïdie pendant une longue durée (par exemple lors de maladie de Basedow) ou en attendant un traitement chirurgical ou par iode radioactif. La dose prescrite est individuelle. Elle est fixée par le médecin en fonction du résultat des dosages sanguins de T3 et de T4. Le retour à un taux normal d'hormones thyroïdiennes n'est jamais immédiat : deux à quatre mois de traitement antithyroïdien peuvent être nécessaires.

Les antithyroïdiens de synthèse ont des effets indésirables qui touchent divers organes : démangeaisons, rougeurs cutanées, douleurs articulaires, fièvre ou baisse anormale des globules blancs (également appelée agranulocytose). Lors d'agranulocytose, le patient est plus exposé aux maladies infectieuses. Cet effet indésirable est rare (moins de 1 % des personnes en traitement) mais potentiellement dangereux.

Pour surveiller le traitement, le médecin prescrit des analyses de sang avant de débuter le traitement, toutes les semaines pendant les six premières semaines de traitement, puis de façon plus espacée mais régulière. De plus, le patient est informé qu'il doit cesser immédiatement son traitement en cas de fièvre, d'angine ou de tout autre signe d'infection. Dans ce cas, il doit rapidement consulter son médecin pour avis.

Les principaux médicaments (extraits du Vidal)
BASDÈNE
NÉO-MERCAZOLE
PROPYLEX

THYROZOL

Lorsque l'hyperthyroïdie provoque une accélération ou des troubles du rythme cardiaque sévères, il est nécessaire d'associer aux antithyroïdiens des médicaments pour ralentir et régulariser les battements du cœur. Ces médicaments font partie de la famille des bêtabloquants.
PROPRANOLOL
VISKEN

Ensuite on aura tous les traitements d'hormones de synthèses : Levothyrox, L-thyroxin etc en cas d'ablation de la thyroïde.

Dans tous les cas, ces traitements seront prescrits par un généraliste ou un endocrinologue. Il est bon de souligner que ces derniers sont de plus en plus rares, souvent plus intéressés par un diabète qu'un dysfonctionnement thyroïdien et de plus en plus de malades ont beaucoup de mal à obtenir un suivi correct.
Les médecins homéopathes, souvent plus à l'écoute du corps, ne doivent pas être évincés, sachant qu'ils prescrivent également le traitement allopathique nécessaire.

Question sur le traitement par iode radioactif.

L'iode radioactif pour hyperthyroïdie augmente-t-il le risque de cancer solide ? Oui, répond la « Cooperative Thyrotoxicosis Therapy follow-up study » étude menée avec un soutien institutionnel, après une extension de suivi de 24 ans, soit sur près de sept décennies au total. L'étude est publiée dans « The JAMA Internal Medicine ».

Cette cohorte anglo-saxonne, menée chez 18 805 patients, rapporte une association modeste, mais significative, entre les doses les plus élevées et la mortalité globale par cancer solide (6 % d'augmentation du risque pour une dose de 100 mGy à l'estomac), ainsi que la mortalité spécifique par cancer du sein (12 % d'augmentation du risque pour une dose de 100 mGy au sein).

Selon les épidémiologistes des Instituts nationaux de la santé américains (NIH), pour 1 000 patients âgés de 40 ans traités par une dose standard d'iode radioactif pour hyperthyroïdie, cela se traduit par un excès de 19 à 32 décès par cancer solide attribuable à l'iode radioactif.

Une option parmi d'autres

L'iode radioactif, introduit dans les années 1940 et préférentiellement utilisé aux États-Unis par rapport à la chirurgie avant l'arrivée des antithyroïdiens de synthèse (ATS), n'est pas aujourd'hui le traitement de première intention de l'hyperthyroïdie. Si l'iode radioactif reste une option possible, le risque de survenue de cancer restait mal connu. L'étude, la plus importante jamais constituée, avait inclus plus de 35 000 patients traités par iode radioactif entre 1946 et 1964, dans 25 centres américains et un centre britannique. Après un suivi mené jusqu'en 1990, l'étude n'avait pas mis en évidence d'augmentation de mortalité par cancer solide.

Un risque modeste mais à connaître.

Ici, l'âge d'entrée moyen était de 49 ans. La très grande majorité des patients était des femmes (78 %) et il s'agissait dans 93,7 % d'une maladie de Basedow. Au cours du suivi, en moyenne de 26 ans et au maximum de 68 ans, 15 484 décès (82,3 %) sont survenus. Le cancer était la première cause pour 2 366 décès (15,3 %). Pour leurs estimations, les chercheurs ont comparé les risques relatifs avec les taux actuels de mortalité mesurés aux États-Unis.

Les épidémiologistes concèdent que l'augmentation du risque de mortalité par cancer solide reste modeste et qu'un ajustement n'a été fait que pour la prise concomitante d'ATS d'ancienne génération, pas pour les plus récents. De plus, d'autres facteurs de risque connus tels que le tabac, l'alcool ou les traitements hormonaux n'ont pas été pris en compte.

« Mais l'iode radioactif est toujours un traitement utilisé pour l'hyperthyroïdie » estime le Dr Cari K. C'est important pour les patients et leurs médecins de discuter des risques et des bénéfices pour chaque option thérapeutique. Nos résultats y contribuent. » Pour les chercheurs, des travaux supplémentaires sont nécessaires pour comparer la balance bénéfice/risque.

On comprendra aisément que des choix comme l'opération ou le traitement par iode, ne devront se faire qu'après réflexion voire après plusieurs avis.

En conclusion, quelle que soit la méthode de traitement, un contrôle précoce et efficace de l'hyperthyroïdie chez les patients ayant une maladie de Basedow est associé à une amélioration de la survie en comparaison d'un contrôle moins efficace.

Pour illustrer Basedow et surtout ses particularités, voilà le témoignage de **Papou Bezard,** que beaucoup connaissent sur les réseaux sociaux. Un auteur de talent. Merci à lui de soutenir notre combat.

Tout a commencé en 2014/2015 à l'âge de 50 ans, je me suis réveillé matin et je m'aperçois que l'oeil droit est boursouflé, rouge. Je vais voir mon médecin qui me donne un traitement léger, classique, mais sans résultat, puis l'ophtalmologique. Aucun d'eux ne trouve.

Ayant été suivi en hémato pour un lymphome, je parle de mon problème de vue lors d'une consultation de suivi. Ce dernier tique, car lors des greffes ou des autogreffes, il peut y avoir des soucis de ce genre, liés aux anticorps qui ne reconnaissent pas leur hôte.

Je suis dirigé vers une endocrinologue réputée qui m'annonce, au vu des résultats, que je suis atteint d'une maladie de jeune fille, Basedow, soignable en deux ans. Je fais partie des 1% des cas particuliers de Basedow. Les cellules souches lors de la greffe seraient responsables.

Le traitement débute par douze séances d'injection de cortisone. L'œil s'arrête de gonfler. Les effets secondaires sont pourtant bien présents, le visage déformé, l'humeur déstabilisé. À la moindre contrariété, tout part en vrille.

Les ophtalmos vont me faire passer un scanner et une IRM et trouvent une tumeur au niveau de la glande lacrymale derrière l'œil. Des prélèvements sont faits. Bonne nouvelle, ce n'est pas cancéreux. L'œil, lui, est toujours déformé donnant l'impression de loucher.

Pendant deux ans, ils ne font rien de plus. Ma thyroïde est minuscule, elle n'a rien. Mon endocrinologue trouve cela bizarre. Elle me déconseille l'opération tout en m'invitant à continuer mon ttraitement de Levothyrox@ et de NEOMERCAZOLE

Je me sépare de ma compagne et pars à Clermont-Ferrand. Là, je vais découvrir une nouvelle endocrinologue et un autre hôpital. Cette dernière me donne un avis totalement contraire. Elle me refait une échographie et trouve deux nodules soit disant louches, car noirs. Elle va pratiquer une cytoponction, ponction extrêmement douloureuse, à tel point pour que je ne peux conduire ensuite. Résultat, rien. On cherche à m'orienter vers des chirurgiens, mais je traîne les pieds, vu que lors d'une seconde cytoponction, les résultats sont toujours négatifs.

Faute de mieux, l'endocrinologue enlève le NEOMERCAZOLE en me laissant juste le Levothyrox@.

Elle me baisse le traitement progressivement et s'aperçoit que les anticorps Basedow baissent petit à petit jusqu'à l'arrêt du Levothyrox@

Pendant deux ans, je ne vais pas avoir de traitement, juste une vérification régulière de mes T3 et T4.

Malheureusement, cela remonte, de nouveau Levothyrox @ durant dix mois, de nouveau plus d'anticorps, donc arrêt du traitement. Tout va bien jusqu'à il y a un an et demi. De nouveau un pic qui remonte avec une tsh à 12.

Je suis orienté vers un nouveau centre médical avec des personnes compétentes vu que c'est tout de même un problème qui dure depuis 7 à 8 ans.

Je repasse par mon hemato vu que pour consulter un endocrinologue, il faut une lettre d'introduction. J'ai la chance de tomber sur un pro. Un médecin qui comprend, qui communique.

Pour lui, ces pics ne sont pas graves. Il suffit de remettre un peu de Levothyrox@.

L'endocrinologue préfère éviter l'opération et déconseille l'iode vu mes antécédents.

Cela fait un an et demi que je n'ai eu aucun pic, et je vis sans traitement. J'ai toujours

beaucoup d'effets secondaires, frilosité extrême, l'œil qui tourne, une grande fatigue selon les jours, en particulier à l'effort.
C'est compliqué et j'ai dû stopper mon travail.
J'ai eu la chance de ne pas avoir souffert du changement de molécule du nouveau Levothyrox@.
J'ai eu la chance à Nantes d'avoir bénéficié d'une ALD, et quelle surprise, lorsque je suis parti à Clermont-Ferrand, elle me fut refusée ! Tout dépend du département !
J'ai dû retourner en Loire Atlantique pour avoir un renouvellement. Le comble !
Je suis guéri de mon lymphome, mais pas de Basedow. Je vis sans Levothyrox@ et tout est dans les normes.
J'aspire également à une reconnaissance de cette maladie.

Parenthèse

Une relation travaillant dans un institut spécialisé pour malades de la mémoire m'a raconté s'être occupée d'une résidente de soixante-deux ans diagnostiquée atteinte de sénilité précoce. La brave dame était toujours fatiguée avec d'énormes trous de mémoire. Au bout de six mois, son état s'aggravait, perte de cheveux, jaunisse etc. L'aide-soignante, que je connais, osa discrètement demander si la dame ne pourrait pas avoir un bilan TSH. On lui répliqua avec mépris que ce bilan avait déjà été fait et que la patiente était dans les normes avec 4,25. Ne lâchant pas le morceau, elle-même atteinte d'Hashimoto, elle insista et demanda la prescription des TPO, faits avec réticence. Bingo ! La malade était bien Hashimoto et fut immédiatement transférée dans un centre de soin. Un an après, elle a pu retourner vivre chez elle ! Que dire ? Qu'elle sera peut-être un jour Alzheimer ou autre, mais il serait temps de ne pas laisser de côté les autres signes.

Lorsque ma maman était en EHPAD, j'ai croisé de nombreuses personnes avec des soucis de thyroïde, résidants, famille ou soignants. Trop souvent, les personnes ayant un parent dans un tel établissement y laissent

des plumes, parce qu'être aidants, c'est difficile.
Je sais de quoi je parle.
Ne jamais négliger cette petite glande qui parle à notre place.

Thyroïde et traitement

Depuis l'affaire du nouveau Levothyrox@, les malades de la thyroïde ont peur. Peur de voir de nouveau leur médicament changer, peur de voir leur stock disparaître.

Comment avons-nous pu dans un pays civilisé en arriver là ? Quand on sait à quel point la thyroïde est sensible à la moindre variation, on ne peut qu'avoir le coeur serré en constatant les effets plusieurs années après. Certains malades n'ont jamais retrouvé leur forme d'antan. Après, comme vous le savez, l'association *l'envol du papillon* ne s'engage pas « pour » ou « contre » un médicament. De nombreuses associations se battent dans ce but. Nous, notre combat est **la reconnaissance des maladies thyroïdiennes**. Chacun son domaine.

Je vais me contenter de lister les différents traitements proposés.

L_Thyroxine Serb
Remboursé à 65%
Après les problèmes occasionnés par la fabrication du nouveau Levothyrox@, de

plus en plus de malades se sont tournés vers les gouttes.

Pourquoi ce traitement est-il si différent des autres ?

Tout d'abord parce qu'il est en gouttes et non en comprimés, c'est la version la liquide de l'hormone de substitution qui recrée le rôle de la thyroxine, l'hormone sécrétée naturellement par la thyroïde. L'utilisation de ces gouttes pour traiter des hypothyroïdies représente environ 1% des ventes c'est à dire plus de 30 000 français.

Comment cela marche ? De façon simple, un comprimé de Levothyrox@, à 25 ug est équivalent à 5 gouttes de L_Thyroxine seulement la rapidité d'absorption est plus rapide et va directement dans le sang. Avant juillet 2017, ce médicament était exclusivement réservé aux enfants de moins de 8 ans, aux personnes présentant des troubles de déglutition et aux personnes allergiques aux excipients.

Avec la crise de la NF, les laboratoires Serb ont augmenté leur production et aujourd'hui, il n'y a plus de clauses spécifiques.

Bien sûr, comme tout traitement, il y a des inconvénients :

D'abord le flacon une fois ouvert ne doit pas dépasser 30 jours. De plus il doit-être conservé au frigidaire entre 2 et 8 degré.

Ensuite la difficulté de bien prendre ses gouttes dans un peu d'eau en comptant sans se tromper, et en évitant qu'une goutte se colle à la paroi.

Le goût n'est pas terrible, le liquide est assez fortement dosé en éthanol, mais on s'y habitue.

Son point faible : le transport, les voyages en avion, les frigos qui tombent en panne !

Excipients : Éthanol à 95 %, Propylèneglycol, Ricin huile hydrogénée polyoxyéthylénée

le TSoludose, fabriqué en Suisse, sans excipients, sans alcool et sans conservation au frigo. Une alternative très intéressante pour les voyages et les déplacements !

Son inconvénient : non remboursé et ne peut être dosé que de 13 ug en 13 ug.

Tcaps

Des années que les malades attendaient une nouvelle formule sans excipient.

Le laboratoire Génévrier a mis sur le marché le TCAPS, fabriqué par le laboratoire IBSA en Italie et commercialisé sous les noms de Tiche (en Italie) et Tirosint dans de nombreux autres (Suisse, USA...) depuis de nombreuses années. Ce sont des capsules à base de levothyroxine, le principe actif que

l'on retrouve également dans le Levothyrox.
Donc une hormone de substitution pour
toutes les personnes avec une thyroïde
déficiente.
Le Tcaps a un seul excipient.
Son unique composition est de la gélatine, du
glycérol et de l'eau purifiée.

L-THYROXIN HENNING : existe de 25ug à
200 ug. (remboursé à 65%)
Excipients : Amidon de maïs, Amidon de
maïs modifié, Cellulose microcristalline,
Ricin huile hydrogénée, Silice colloïdale
anhydre, Sodium carbonate anhydre, Sodium
thiosulfate

LEVOTHYROX remboursé à 65%
Excipients : Acide citrique anhydre, Amidon
de maïs, Croscarmellose sel de Na, Gélatine,
Magnésium stéarate, Mannitol

THYROFIX (remboursé à 65%)
Excipients : Cellulose microcristalline,
Cellulose poudre, Croscarmellose sel de Na,
Magnésium stéarate, Silice colloïdale
anhydre

Quand tout s'écroule ...

Ayant eu l'immense chance de ne pas avoir souffert du changement de molécule en 2017, étant sous L_Thyroxine Serb, je n'ai pas les mots pour expliquer des malades ont vu leur vie changer du jour au lendemain. Ce texte est la propriété de l'association APLF qui nous a généreusement donné l'autorisation de publication.
Contraitrement à d'autres passages de ce recueil, cette partie du texte ne doit être publié, copié ou distribué en dehors de ce recueil. Les propos contenus dans ce texte n'engage que l'APLF, et en aucun cas l'association *l'envol du papillon* et moi-même.

***

Il était une fois le Levothyrox Merck nouvelle formule ou l'histoire d'un scandale sanitaire étouffé !

L'association APLF est solidaire de l'action menée par « La Plume » et l'association « l'Envol des Papillons » afin d'obtenir la reconnaissance des maladies thyroïdiennes.

Préface : l'association APLF association des Papillons libres France dédiée aux victimes du Levothyrox Merck nouvelle formule et des alternatives imposées en France, partage avec vous 7 ans d'un cauchemar censuré.

Introduction :
À partir de mars 2017 des centaines de milliers de malades de la thyroïde sous traitement par Levothyrox (médicament à marge thérapeutique étroite) vont subir une multitude d'effets secondaires souvent extrêmement invalidants sans en comprendre l'origine.
Les effets secondaires relatés auprès du corps médical ne rencontreront aucun écho de la part des spécialistes ni des autorités en charge des protocoles d'urgence sanitaire.
Liste non exhaustive des effets secondaires signalés
Très grande fatigue, myalgies, syndrome anxio-dépressif, céphalées, nausées, diarrhée, vertiges, bouffée de chaleur, palpitations, graves troubles cognitifs, insomnie, troubles des phanères (ongles cassants et chute de cheveux), problèmes de libido, troubles et perte visuels, acouphènes, kystes, etc…
Il est important de préciser que la grande majorité des victimes, n'a rencontré aucune variation de la TSH.

Un petit rappel s'impose pour bien comprendre les risques et les conséquences : En matière de médicament à marge thérapeutique étroite tous changements dans le procédé, quantité (d'excipients et changement d'excipient) peuvent entraîner de plus ou moins graves effets secondaires.

Il faudra attendre la fin de l'été 2017 pour que la relation soit faite entre le Levothyrox et les effets indésirables.

Ce n'est qu'en août que les victimes comprendront grâce aux réseaux sociaux et la solidarité entre les malades que le Levothyrox a subi des modifications notamment la suppression de l'excipient majeur « le lactose « au profit des excipients acide citrique/mannitol.

A l'évidence des changements ont été également apportés dans le procédé de fabrication pour permettre une péremption à 36 mois, anciennement 24 mois, changement confirmé par les expertises judiciaires effectuées à la demande de Madame la Vice-Présidente chargée de l'instruction au Pôle de Santé du Tribunal Judiciaire de Marseille dans l'affaire du Levothyrox.

Chapitre 1 : Les raisons obscures du changement de formule d'un médicament à marge thérapeutique étroite qui convenait au plus grand nombre depuis des décennies :

1/ A la demande des deux associations françaises des malades de la thyroïde de mettre fin au monopole du laboratoire Merck en matière de traitement à base de lévothyroxine et de fait de commercialiser en France les médicaments Tcaps Génévrier/Ibsa et L-thyroxine henning Sanofi.

2/ A la demande de l'ANSM de supprimer l'excipient « lactose « pour un nombre minimum d'intolérants.

3/ A la demande de l'ANSM pour obtenir une meilleure stabilité de la lévothyroxine soi-disant instable à plus de 24 mois si cette dernière est couplée avec l'excipient « lactose ».

4/ Ne pas oublier que le brevet du Levothyrox tombait dans le domaine public ce qui laissait le champ libre à d'autres laboratoires pour copier le Levothyrox au lactose.

Chapitre 2 : Des victimes abandonnées et manipulées

1/ Les autorités françaises en charge de la santé, vont abandonner pendant 10 mois à leur triste sort les victimes avec des effets secondaires très invalidants, notamment physiques et psychologiques entraînant de graves conséquences familiales et sociales. (perte d'emploi, divorce etc …)

2/ Grâce aux réseaux sociaux, les victimes vont prendre connaissance qu'il existerait en Europe un médicament à base de lévothyroxine et de lactose qui serait équivalent au Levothyrox, tantôt appelé Euthyrox ou Eutirox en Europe.
Les malades seront amenés à se procurer ce traitement vital par leur propre moyen pour pallier les effets secondaires du Levothyrox Nouvelle Formule.

3/ Face à la colère des victimes et l'explosion des déclaration d'effets secondaires, l'Ansm mettra à disposition en décembre 2017 le médicament Euthyrox commercialisé en Allemagne et fabriqué dans l'usine du laboratoire Merck à Darmstadt, nous vantant qu'il s'agirait de l'équivalent du médicament commercialisé en France : le Levothyrox.

En suivant, sera mis à disposition de l'Euthyrox destiné à être commercialisé en Russie et prochainement Argentine.

4/ En 2018, quatre associations de malades de la thyroïde tenterons de faire commercialiser en France le médicament Eutirox commercialisé en Italie fabriqué dans l'usine Patheon localisée à Bourgoin Jailleu.

5/ La justice pénale mettra plus tard en lumière que les Eutirox commercialisés en Italie et en Espagne sont différents d'un Euthyrox ou Levothyrox de par leur mode de fabrication et quantités d'excipients présents dans les comprimés.
Cette information avait déjà été communiquée publiquement par le laboratoire Merck en 2013 mais apparemment oubliée par les associations.

6/ Le laboratoire Merck précisait déjà en 2015, que le médicament EUTHYROX pouvait subir des variations de produit fini suivant son lieu de commercialisation.
Ces différences expliquent l'intolérance de certains malades aux médicaments EUTHYROX OU EUTIROX.

Chapitre 3 : Un mensonge relayé une vérité censurée

1/ Dès octobre 2017, l'association APLF dénonçait le mensonge éhonté des autorités françaises et avocats en charge de la défense des victimes qui affirmaient que le Levothyrox au lactose n'existait plus.
Dans le tissu associatif, aucune association n'a lutté pour le retour du Levothyrox ancienne formule sachant que ce traitement était toujours fabriqué. Seule l'association APLF a maintenu ce combat et a décidé de rejeter toutes les alternatives bien insatisfaisantes.

2/ En octobre 2017, l'association APLF apportait les preuves de la continuité de la production du Levothyrox au lactose et de la stabilité du médicament à 35 mois de péremption.

3/ Il est important de préciser que toutes les associations de victimes du Levothyrox Merck nouvelle formule et des malades de la thyroïde ont été informées par l'association APLF de la continuité de la production du Levothyrox au lactose mais aucune n'a souhaité s'engager pour la mise à disposition de ce médicament préférant faire d'autres choix tels que les Eutirox /Euthyrox ou des alternatives sans lactose.

Chapitre 4 : Un aveu de culpabilité

1/ Depuis 7 ans, l'ANSM prend les victimes du Levothyrox Merck Nouvelle Formule en otage, leur attribuant par charité le médicament Euthyrox précisant qu'il s'agit d'une procédure transitoire.

2/ Depuis 7 ans l'ANSM tient en haleine les utilisateurs du médicament EUTHYROX car seule L'ANSM peut reconduire annuellement la commercialisation en France de ce médicament.

3/ L'ANSM indique dans ces divers communiqués que chaque malade doit trouver le traitement qui lui conviendrait le mieux. Autrement dit, tester les alternatives les unes après les autres.

4/ Depuis 7 ans les victimes sont dans l'angoisse de ne plus avoir un traitement qui leur permet de survivre mais aucunement de vivre comme AVANT.

5/ Depuis 7 ans l'ANSM pallier à l'absence du Levothyrox au lactose avec l'importation du médicament Euthyrox.

N'est-ce- pas ici un aveu de culpabilité quant à l'efficacité des traitements commercialisés en France en lieu et place de Levothyrox au lactose ?

Chapitre 5 : Les informations qui dérangent

Vous qui lisez ces quelques lignes, qui êtes peut-être un malade de la thyroïde et victimes du Levothyrox Merck Nouvelle Formule :

1/ Sachez que le Levothyrox au lactose n'a jamais cessé d'être fabriqué sur le site de production de Darmstadt en Allemagne.

2/ Sachez que le Levothyrox au lactose continue d'être commercialisé en Afrique.

3/ Sachez que le Levothyrox au lactose a une durée de vie de 35 mois et de ce fait que l'argument de l'Ansm quant à la mauvaise stabilité couplée avec de la lévothyroxine ne tient plus.

4/ Sachez que la dernière fabrication identifiée du Levothyrox au lactose à une validité jusqu'en Mars 2026 ce qui signifie une fabrication en Février 2023.

5/ Sachez que le laboratoire Merck a confirmé par écrit à l'association APLF, qu'il pourrait nous mettre à disposition ce Levothyrox au lactose mais que les autorités françaises en charge de la santé refusent aux malades de la thyroïde ce traitement vital. Sans une autorisation de mise sur le marché accordée par l'ANSM, il est impossible de commercialiser à nouveau ce médicament sur le territoire français.

Chapitre 6 : mensonges en veux-tu en voilà

Dans le scandale Levothyrox, il est impossible de ne pas évoquer les alternatives au Levothyrox imposées aux malades de la thyroïde.

Les autorités de santé et associations de malades étaient parfaitement informées que les nouveaux traitements à base de lévothyroxine ne contiendraient pas de lactose mais d'autres excipients.

Deux questions légitimes se posent ici :

1/ Pourquoi avoir retiré un traitement vital qui convenait au plus grand nombre puisque des alternatives sans lactose allaient être commercialisées ?

2/ Pourquoi avoir menti sur la stabilité du lactose avec de la lévothyroxine puisque le Levothyrox au lactose continue de tenir ses promesses de totale efficacité en Afrique?

Vous avez tous à un moment assisté à la vente forcée pratiquée notamment sur les réseaux sociaux et dans la presse.

Les efficacités de différents traitements ont été vantées par certaines associations de malades avant même leurs commercialisations sur le territoire français. Et pourtant….

1/ Aucun des traitements alternatifs au Levothyrox n'a suscité d'études de bioéquivalence, information confirmée par les écrits adressés à l'association APLF du laboratoire Sanofi dans le cadre du médicament L-Thyroxin henning et du Laboratoire Serb Roche pour les gouttes L-Thyroxine.
L'interchangeabilité entre ces médicaments et le Levothyrox n'est donc pas officiellement établie.

2/ Pire, le laboratoire Genévrier/Ibsa confirme par les écrits adressés à l'association APLF que le Tcaps et

Tsoludose ne sont pas interchangeables avec du Levothyrox.

Quant au générique Thyrofix du laboratoire UNI-Pharma annoncé comme le générique du Levothyrox, ses origines restent plus que douteuses. Cette présentation non sécable rend impossible un dosage précis.
Les réponses du laboratoire Uni-Pharma dans le cadre de ce médicament sont loin d'être précises.

Moralité de l'histoire : les autorités de santé et associations vous ont trahi !

Chapitre 7: Et la justice, en 7ans, que fit-elle ?

Madame la Vice-Présidente chargée de l'instruction auprès du Pôle Santé du Tribunal Judiciaire de Marseille dans le scandale Levothyrox, a prononcé la mise en examen du laboratoire Merck et de l' Ansm pour tromperie aggravée. Elle a également mandaté des expertises judiciaires qui confirment qu'il n'y a pas de bioéquivalence établie entre le Levothyrox Merck Serono au lactose et Levothyrox Merck Nouvelle formule acide citrique et mannitol.
Autre point important : les études de bioéquivalence effectuées par le laboratoire

Merck, dans le cadre du changement de formule du Levothyrox Merck Serono ont été réalisées à partir de lots du médicament Euthyrox non identifiés.

Autrement dit : l'ANSM a validé le changement de formule et approuvé la commercialisation du Levothyrox Merck nouvelle formule en France sans tenir compte de la légèreté et du manque de sérieux des études du laboratoire Merck.

Nous regrettons amèrement que seul ce chef d'inculpation ait été retenu. Il aurait été souhaitable que la mise en danger de la vie d'autrui et l'homicide involontaire soient reconnus.

En résumé, malgré le nombre exponentiel de déclarations d'effets secondaires concernant le Levothyrox nouvelle formule, aucune institution n'a pris la décision de déclencher le principe de précaution et donc les médecins continuent à prescrire ce médicament ce qui entraîne de nouvelles victimes au quotidien.

Créée en septembre 2018, L'association APLF continue à se battre contre le Levothyrox nouvelle formule et pour une transparence totale sur les informations relatives aux alternatives commercialisées en France.

L'association APLF continue son combat afin que l'ANSM octroie une nouvelle autorisation de mise sur le marché au laboratoire Merck afin qu'il puisse, comme il le fait encore aujourd'hui en Afrique, fournir aux malades français le Levothyrox au lactose, l'ancienne formule, sa production en Allemagne étant toujours d'actualité en 2023.

Association Papillon Libre France (APLF)
10 Impasse du Troun
40300 Cauneille
aplf.contact@gmail.com

https://www.facebook.com/PapillonsLibresFR

https://www.facebook.com/groups/264817894057376/?ref=share_group_link

Le mot de la fin

Peut-on vraiment mettre un mot fin à ce recueil, la preuve, dix ans après les premières lignes d'Hashioto, mon amour, rien n'a changé, tout est toujours d'actualité, pourtant je garde espoir. J'ai rencontré cette maladie auto-immune un soir d'automne 2013. Tombant de fatigue, le corps en vrac, l'esprit qui n'allait guère mieux, je me suis retrouvée chez mon médecin de l'époque. Je savais au fond de moi que quelque chose ne tournait pas rond. Je n'avais jamais été fatiguée de ma vie malgré cinq enfants. Toujours levée à l'aube, pleine de tonus jusqu'au soir, rien ne m'arrêtait, rien ne pouvait se mettre en travers de ma route. De nature très optimiste, je résistais à la déprime et aux idées noires.

En ce jour d'octobre, le temps s'est arrêté. Je n'arrivais plus à penser, à mémoriser, butant systématiquement sur mes mots. Le pire fut lorsque l'on me rapporta que je commençais, sans en avoir conscience, à mélanger les syllabes. Cela amusait beaucoup mes élèves, mais moi, je riais jaune. Aucun doute n'était possible. Quelque chose ne tournait vraiment pas rond chez moi. Comme tout un chacun, je me suis plongée dans le glossaire de Google et des mots terribles comme

« détérioration du cerveau » ou « cancer »
me sautèrent au visage. Ce fut donc la peur
au ventre que je me rendis chez mon
médecin traitant.

Tous les malades en attente d'un verdict
connaissent ce sentiment, cette angoisse qui
donne une boule à l'estomac, qui rend
presque fou. Le monde entier pourrait
s'écrouler, il ne restait que cette peur. En
attendant l'heure du rendez-vous, j'ai eu
comme l'impression de me dédoubler, de
marcher à côté de moi. Par chance, je suis
tombée sur un bon médecin, compétent,
efficace, qui avait fait tout son cursus en
endocrinologie. Je ne le remercierai jamais
assez, même si lui aussi a rejoint les étoiles.
Il ne m'a pas fait traîner comme de
nombreuses autres malades des mois et des
mois, sautant de diagnostics en
médicaments. Ma surprise fut grande. Je suis
sortie du cabinet avec juste une numération
complète et un bilan thyroïdien sous le bras.
Une tape amicale sur l'épaule :
« Ma grande ! Accroche-toi ! »

  L'attente des résultats fut longue. Deux
jours sans manger, deux jours à imaginer le
pire. Lorsque je suis partie chercher mes
analyses, le responsable du laboratoire m'a
prise à part pour tout m'expliquer, une TSH
très élevée et des anticorps en masse, pas de

cancer, première chose que j'ai demandée, juste Hashimoto.

Je ne savais pas ce qu'était cette maladie. J'ai juste appris très vite que nous ne nous sommes

plus quittées. Je ne l'avais pas invitée, et pourtant tel un amant jaloux, elle est restée. Voilà maintenant dix ans que cette maladie est devenue ma seconde peau. Elle m'a transformée en profondeur. Bien sûr, je garde toujours une grande fatigue souvent non prévisible, une fragilité et une sensibilité exacerbée que je n'avais pas avant. Bien sûr, je suis contrainte de prendre chaque matin mon traitement qu'il fasse beau ou mauvais, que je sois en vacances ou en activité. Bien sûr, tous les troubles liés à cette maladie n'ont pas totalement disparu ou reviennent parfois par crise, me prenant par surprise. Bien sûr l'entourage n'a pas toujours compris. Je ne leur en veux pas. Ce n'est pas simple.

Pas simple non plus d'expliquer que vous ne pouvez pas toujours

Comment expliquer une maladie qui ne se voit pas ?

Et je ne parle pas du travail. Enseignante, comment faire comprendre à

des collègues, alors que l'on a toujours été un moteur, que l'essence vient à manquer. Je n'ai pas réussi et suis partie en retraite anticipée. J'ai tenu jusqu'au bout, mais je sortais de ma classe vidée, souvent en larmes chez moi, en me disant juste que j'étais toujours debout par miracle.
Je ne me suis jamais plainte. Je ne me suis jamais victimisée non plus. J'ai tout donné, mais à quel prix ? Et pourquoi ? Certainement, parce que cette maladie n'étant pas reconnue, je n'ai pas réussi à obtenir un mi-temps thérapeutique.

Je n'ai aucun regret. Loin de ce tumulte, des remarques, je vis sereinement, et curieusement, les crises d'hypothyroïdie se font de plus en plus rares. Je pense juste aux plus jeunes qui vont devoir travailler plus longtemps, malades ou non.

J'ai compris comme il est difficile pour celui qui n'est pas malade de se mettre, même cinq minutes, à notre place. Il est même insoutenable pour ceux qui travaillent avec nous, de poser un regard bienveillant sur notre maladie. Rien ne montre dans notre apparence physique que nous avons un dysfonctionnement thyroïdien. Nous seuls le savons.

Nous avons certes, en cas de crise thyroïdienne, les traits un peu plus tirés, les cheveux moins fournis ou plus secs, le visage gonflé, mais cela nous donne bonne mine, alors qui s'en soucie ? C'est à l'intérieur que tout se joue. Au final, nous ne nous sentons pas compris, mais quel étranger peut comprendre cette maladie ?

Notre souffrance nous appartient, elle nous est propre. Elle est invisible. Seules les personnes comme nous réagissent à nos angoisses, à nos craintes. Une fois que nous croisons la route d'une thyroïde défecueuse, c'est souvent pour un bon bout de chemin. Et pour Hashimoto, sauf cas exceptionnellement rare, c'est une maladie à vie. Une thyroïde détruite a peu de chance de se reconstituer, ce qui n'est pas simple à accepter.

J'ai volontairement omis le côté psychologique. Certaines personnes, nous l'avons vu dans les témoignages, sont reconnues dépressives, parfois et c'est bien pire folles, alors que leur seul problème est un dysfonctionnement thyroïdien.

J'ai eu la chance, pour ma part, d'échapper à cette descente aux enfers, traversant juste des baisses de moral, des moments de découragement, ce qui ne veut pas dire pour autant que j'avais immédiatement accepté cette maladie. Survivante de la perte d'un enfant, puis d'un divorce, je me suis toujours considérée comme invincible. J'aurais pu devenir dépressive depuis des lustres, au lieu de cela j'ai toujours été passionnément amoureuse de la vie, toujours convaincue que le meilleur restait à venir. Et voilà que d'un seul coup, mon corps me lâchait. J'ai oublié de préciser qu'étant allergique à l'iode, j'étais régulièrement surveillée depuis ma première grossesse par ma gynécologue. Quelques mois plus tôt, ma TSH était tout ce qu'il y avait de plus normale, j'étais en pleine forme, et je ne ressentais aucune fatigue. Seulement, la vie n'est pas toujours ce que nous voulons. Suite à une violente agression psychologique sur mon lieu de travail, à laquelle je n'étais nullement préparée, je me suis retrouvée désœuvrée. Je ne comprenais plus rien. Je ne comprends toujours rien aujourd'hui, mais cela ne me touche plus.

La thyroïde est le centre des émotions. Je le sais aujourd'hui. Mon corps a dit de lui-même
« stop » à ma place, c'était trop lourd pour lui.
Depuis dix ans, le parcours fut long, mais je me considère comme chanceuse. Je suis une Survivante, toujours debout, en vie. J'ai été

correctement soignée avec des médecins compétents, attentifs et à l'écoute. Je leur serai éternellement reconnaissante. Mon traitement m'a rapidement procuré un bien-être. Seulement le chemin pour me reconstruire fut long. J'ai eu beaucoup de mal à accepter cet état de fait. J'étais responsable des effets négatifs sur mon corps. Même si la cause était ailleurs, je n'aurais jamais dû prendre, à cœur, la violence des autres. J'aurais dû me révolter, évacuer cette douleur.

L'acceptation d'une maladie est identique à l'acceptation d'un deuil. Je m'en suis voulu. Je me suis détestée d'avoir été si faible. J'en ai voulu à tous les protagonistes de s'être infiltrés dans ma vie sans mon accord, à tous ceux qui ont provoqué cette blessure ouverte. Je me suis détruite par excès de confiance. J'étais en colère contre moi, et cette colère détruisait ma glande petit à petit, la réduisant à néant. J'ai perdu 70 % de ma thyroïde en un claquement de doigts, en seulement trois mois. (réalisé par une échographie de pointe).

Le temps reste notre meilleure carte. J'ai choisi, non d'oublier, mais simplement d'accepter l'évidence. On ne peut rien changer à ce qui fut, on ne peut pas non plus tout comprendre, tout expliquer. Il y a des

mystères qu'il vaut mieux ne jamais voir
éclaircir. Il ne faut garder que le meilleur, ce
qui ne veut pas dire pour autant effacer le
reste, juste ranger dans un coin de nos
mémoires cette triste expérience.

Hashimoto a changé ma vie à tout jamais.
Par obligation, j'ai ralenti mon rythme de
vie, redécouvrant des petits moments de
bonheurs oubliés. J'ai appris à prendre le
temps de vivre, moi qui ne cessais de courir
depuis plus de trente-cinq ans.
J'ai fait un tri dans mes relations choisissant
de ne conserver que les vraies, celles qui ne
présentaient aucun caractère nocif et j'en
suis ravie aujourd'hui. J'ai fait les bons
choix. Les personnes dotées d'une énergie
négative sont un vrai poison pour notre
santé. J'ai appris avec l'aide d'une
thérapeute à gérer mon stress, ce qui n'était
guère facile dans une profession comme la
mienne. Je me suis blindée face aux
mauvaises langues. Pas simple non plus, il y
en a toujours. J'ai appris aussi à être moins
naïve, même si donner reste pour moi une
seconde nature. Nous vivons dans une
société critique où chacun ne vit que pour
parler sur son voisin. Je n'ai pas réussi à 100
% mais je suis sur la bonne voie. J'ai
renforcé les vrais liens, ceux qui me
permettent d'avancer. Grâce à eux, j'ai fait le

pas vers la publication de mes romans,
l'exposition de mes toiles.

Je ne serai jamais guérie, mais je m'en
moque. Je vais avoir l'été prochain soixante-
quatre ans, et je suis heureuse ! Vivante ! Je
vis avec Hashimoto, mais je n'y pense plus,
sauf en prenant mon traitement.
Est-ce que ma thyroïde continue de se
détruire ? Je ne veux plus le savoir.
Ceux qui ne veulent pas comprendre, je leur
laisse ma maladie. Ceux qui viennent me
voir en haussant le ton, je ne les écoute plus.
Cette maladie a changé mon futur à tout
jamais. J'aurais préféré ne pas faire sa
connaissance, mais puisque je n'ai pas
d'autre choix, je fais en sorte de vivre avec le
mieux possible. Grâce à elle, j'ai rencontré
des gens extraordinaires. J'ai côtoyé sur les
forums, des cas qui m'ont fait pleurer.
Mais partout, je n'ai entendu une seule
demande : « Nous voulons être entendus ! »

Cet essai n'est pas complet, je le sais. Il
faudrait des tomes et des tomes pour parler
de chaque cas, de chaque personne. *L'envol
du papillon* a reçu énormement de
témoignages. Ils se recoupent tous. J'ai donc
tenté de faire un résumé.
Je m'excuse par avance des oublis.

Je le redis, car cela me fut reproché lors de la publication des deux premiers recueils, ce n'est pas **une anthologie de la maladie ni un livre de médecine.** Juste une aide pour ceux qui en ont besoin.

Ceux qui savent tout, inutile de lire ce livre !

L'essence de ce texte est à diffuser dans les salles d'attente, dans les hôpitaux, dans les entreprises, au sein des familles, pour que les Autres comprennent !

Vous pouvez photocopier des pages, pas le livre, mais les pages qui vous parlent. Une photocopie déposée dans un cabinet médical aide parfois tellement de personnes.

L'important est de faire comprendre cette maladie invisible. L'important est de respecter les droits d'auteur et de mettre la source. L'association *l'envol du papillon* n'a aucun revenu et peut diffuser ses messages et ses livres aux administrations, aux lieux publics, que grâce aux bénéfices de ces recueils. Alors partagez, offrez ce livre, même en epub ...

J'espère, juste que grâce à ces quelques lignes, ceux qui ne sont pas malades et vont lire ce recueil, regarderont les autres différemment. Il y a des livres magnifiques écrits sur cette maladie par des médecins, ce n'est pas le but de celui-là. J'ai mis une bibliographie à la fin. Puisez dedans. Je n'ai pas le monopole du savoir. Je ne suis qu'une petite plume, simplement, là pour ébranler les mentalités, pour offrir le temps de quelques pages un regard nouveau sur ce petit papillon que tout le monde possède.

Je suis surtout là pour vous dire que la vie est belle, que l'on prend des claques, parfois violentes, mais que si on conserve un esprit positif dénué de haine, on arrivera toujours à se remettre debout, et à faire de jolies choses, peut-être différentes, mais belles.
C'est long, et l'attente n'est pas facile à accepter à notre époque, mais c'est possible.

Les extraits de témoignages regroupés, de 2014 à aujourd'hui, signifient tous que de nombreuses personnes veulent être reconnues

Mon plus grand souhait serait qu'un jour les pouvoirs publics comprennent qu'il n'y a pas de maladie plus méprisable qu'une autre, qu'une personne qui souffre ne doit pas être rejetée simplement parce qu'on ne la comprend pas.

Entre ce que je pense, ce que je dis, ce que je crois dire, ce que je dis réellement, ce que tu crois entendre, ce que tu as cru entendre,

ce que tu dis avoir entendu. Comment la
communication peut-elle être possible ?

J'ai un peu changé la célèbre phrase de
Weber, mais notre monde est sourd et me
désespère. Les gens n'écoutent plus,
interprétent à travers les lignes, usurpent nos
pensées pour les modeler à leur propre
histoire.

Remerciements

Il est temps d'écouter vraiment, d'entendre, et d'essayer de comprendre…

Merci à tous ceux qui soutiennent cette cause, malgré de nombreuses attaques et blocages.
Vous êtes formidables !
Merci à tous les médecins merveilleux qui furent là pour moi depuis mes quatoze ans, à ceux qui ont soutenu cette cause, car ils ont le mérite d'exister …

Merci à mes proches, en particulier mon mari qui m'aime sans condition , à ma famille qui ne m'a jamais lâché la main.

À ceux qui ont témoigné depuis 2014 jusqu'à aujourd'hui, Maéva Sempertboni, Aurélie Simand, Joëlle dont le témoignage m'a particulièrement ébranlée, Annie M, Aurora, Kathy S, Romain L, Sandra Paul, Annie M, Bénédicte, Odette, Raymonde, Sandrine, Béatrice, Catherine, Ronan, Sylviane D, Nathalie , Landais Emilie, Paul CHEVRIER, Pauline, Clémence, Caroline, Nathalie Haffner, Marie-Hélène Carpi, Janett, et tous les anonymes ne voulant pas leurs noms cités, mais bien présents dans l'encre qui a guidé ma plume. Nous ne sommes rien sans l'aide apportée par les blogs, les groupes sur les réseaux sociaux. Merci à Sophie Anton, Christine Kieff, Michaela Irena, ces admins qui font vivre des groupes où j'ai connu beaucoup de papillons. Sans elles, ce combat n'aurait plus été possible.

Merci à Papou, à Laurence, à Joséphine.

Merci à Cathy, la correctrice, qui a traqué la moindre coquille. Beaucoup d'indulgence s'il en reste ...

Et une fois encore merci à Régis, Emilie, Sylvie N, Pat, Isabelle et les autres pour faire tourner bénévolement, sans un copek l'association.

En espérant qu'un jour, nous puissions tous voir une lumière au bout du tunnel.

Tous ensemble, les papillons !

Décembre 2023
Afin que vivent les rêves à jamais ...

Glossaire

*Ces définitions sont extraites de
l'encyclopédie médicale sur Internet*

– Adénome : Tumeur bénigne qui se
développe sur une glande et qui reproduit sa
structure.

– Adénome toxique : la tumeur devient «
toxique » lorsqu'elle prend le contrôle de la
glande thyroïde. La production des hormones
thyroïdiennes ne sera donc plus régulée et
leur concentration dans le sang va
augmenter. L'adénome toxique est la
deuxième cause d'hyperthyroïdie, après la
maladie de Basedow.

– Anticorps : protéine du sérum sanguin
sécrétée par les lymphocytes B (globules
blancs intervenant dans l'immunité) en
réaction à l'introduction d'une substance
étrangère (antigène) dans l'organisme

– Anticorps antithyroïdien : anticorps
capable de se fixer sur certains constituants
des cellules de la glande thyroïde.

– Anticorps anti-thyroperoxydase (anti
TPO) : ce sont des auto-anticorps que l'on

rencontre le plus souvent dans des pathologies inflammatoires de la thyroïde. Dans la thyroïdite de Hashimoto, la quantité d'anti-TPO augmente dans 90 % des cas, contre 70 % des cas de maladie de Basedow. »

– Basedow (maladie de) : maladie auto-immune de la glande thyroïde.

– Biermer (maladie de) : anémie résultant d'une mauvaise absorption de la vitamine B12 dans l'estomac.

– Bradycardie : ralentissement des battements du cœur en dessous de 60 pulsations/minute.

– Cancer de la thyroïde : cancer qui atteint la glande thyroïde sous la forme d'un adénocarcinome (cancer du tissu glandulaire), d'un carcinome (cancer de l'épithélium) ou d'un lymphome (prolifération maligne des lymphocytes). Cancer médullaire de la thyroïde,cancer de la glande thyroïde développé aux dépens des cellules C de cette glande, qui sécrètent la calcitonine (hormone diminuant le taux de calcium dans le sang).

– Cicatrice chéloïde : c'est une cicatrice cutanée formant un bourrelet fibreux rouge.

– Cytoponction : c'est une procédure de prélèvement indolore effectuée sous le contrôle de l'échographie.

– Dosage thyroïdien : examen visant à mesurer les taux d'hormones sécrétées par la thyroïde. Le dosage de la TSH suffit le plus souvent au dépistage d'une anomalie de fonctionnement de la thyroïde.

– Échographie thyroïdienne : examen effectué pour évaluer la taille de la glande thyroïde et la structure du tissu, ainsi que pour caractériser les nodules (purement liquidiens, solides ou mixtes). Cette technique peut également permettre l'identification d'éventuelles métastases au voisinage de la thyroïde ou l'origine d'une douleur située dans la région antérieure du cou.

– Endocrinologue : spécialiste en endocrinologie.

– Endocrinologie : science qui étudie la physiologie et la pathologie des hormones et celles de leurs organes producteurs, les glandes endocrines, ainsi que le traitement de cette pathologie.

– Exophtalmie : saillie de l'œil hors de l'orbite. (Unilatérale, elle est provoquée par une tumeur ou une inflammation de l'orbite. Bilatérale, elle est un symptôme de la maladie de Basedow.)

– Extrasystole : contraction cardiaque anormale survenant de manière prématurée au cours du cycle cardiaque.

– Glande parathyroïde : glande endocrine située en arrière de la thyroïde, à la hauteur du cou, et assurant la synthèse de la parathormone.
Il existe en général deux paires de parathyroïdes, mais parfois ces glandes sont au nombre de 5[…] »

– Glande thyroïde : glande endocrine située à la base de la face antérieure du cou, responsable de la synthèse et de la sécrétion des hormones thyroïdiennes, sous le contrôle de l'hypophyse.

– Goitre : augmentation de volume, souvent visible, de la glande thyroïde.

– Hormones thyroïdiennes : les hormones thyroïdiennes comprennent deux substances contenant toutes deux de l'iode, la thyroxine (aussi appelée tétra-iodothyronine, ou T4) et la tri-iodothyronine (ou T3). La synthèse de T3 et de T4 s'effectue grâce à l'iode apporté par les aliments (en particulier le sel marin et les produits de la mer, coquillages, algues, etc.) sous forme d'iodures. Les cellules hormonales thyroïdiennes captent les iodures du sang et les oxydent grâce à une enzyme, la peroxydase. La thyroïde stocke ensuite les hormones et les libère dans le sang en fonction des besoins. La T4 est de loin la plus importante, quantitativement ; mais, une fois dans les tissus, elle est transformée en T3 […] »

– Hyperthyroïdie : affection caractérisée par un excès d'hormones thyroïdiennes.
Les causes les plus fréquentes d'une hyperthyroïdie sont la maladie de Basedow, d'origine auto-immune, une surcharge iodée, habituellement d'origine médicamenteuse, et un nodule thyroïdien ou un goitre (phase initiale « d'une thyroïdite subaiguë »). Beaucoup plus rarement, il s'agit d'une anomalie congénitale (syndrome de résistance aux hormones thyroïdiennes), d'un adénome hypophysaire sécrétant de la thyréostimuline ou de la prise

médicamenteuse de thyroxine (hormone thyroïdienne). Les symptômes comprennent un tremblement des extrémités, une tachycardie, une sensation de chaleur excessive et une perte de poids. Le diagnostic repose sur les dosages d'hormones thyroïdiennes et de leurs précurseurs dans le sang, complétés par des examens variables selon la cause suspectée (scintigraphie, échographie, dosage des anticorps antithyroïdiens).

Le traitement dépend essentiellement de la cause : chirurgie (ablation partielle de la thyroïde), administration d'antithyroïdiens de synthèse, administration d'iode 131.

– Lévothyroxine : forme synthétique de la thyroxine (aussi appelée T4). Cette hormone, qui contient des atomes d'iode, a été synthétisée dès 1946, permettant ainsi d'imiter la sécrétion normale de la thyroïde. En effet, cette hormone a une très longue durée de vie dans l'organisme et il est relativement facile de normaliser la fonction thyroïdienne par des adaptations de la dose, selon les résultats des examens sanguins. Une dose excessive peut provoquer des tremblements, des palpitations et une perte de poids par une diminution de la musculature notamment. Ce médicament a

remplacé les extraits séchés de thyroïde
préalablement utilisés.

– Lymphocytes : Cellule du système
immunitaire, responsable des réactions de
défense de l'organisme contre les substances
qu'il considère comme étrangères.
Les lymphocytes appartiennent à la famille
des leucocytes (globules blancs) ; ils
représentent environ de 20 à 30 % des
leucocytes du sang, soit 1 000 à 4 000/mm3.
Ils se distinguent par leur petite taille (entre 7
et 9 micromètres de diamètre), par leur
noyau, arrondi ou ovoïde, ainsi que par leur
cytoplasme, peu abondant et pauvre en
granulations.
Il existe plusieurs types de lymphocyte,
définis à la fois par leurs fonctions et leurs
marqueurs membranaires, désignés selon la
nomenclature CD (cluster of differenciation,
ou classe de différenciation) suivie d'un
numéro. Ces marqueurs sont des molécules
définissant un groupe de lymphocytes ayant
des propriétés communes. Ces différents
types dérivent des mêmes précurseurs, les
cellules souches lymphoïdes de la moelle
osseuse hématopoïétique.

–Lymphome : Prolifération maligne prenant
naissance dans le tissu lymphoïde et, en
particulier, dans les ganglions lymphatiques.

Ce terme est de plus en plus utilisé à la place de « lymphome malin ».

On distingue, parmi les lymphomes malins, la maladie de Hodgkin, caractérisée par la présence de certaines cellules anormales (les cellules de Sternberg), des lymphomes malins non hodgkiniens, qui regroupent toutes les autres affections malignes du tissu lymphoïde, que celles-ci soient développées dans le ganglion lymphatique ou en dehors de lui.

– Maladie auto-immune : état pathologique au cours duquel le malade est victime de ses propres défenses immunitaires.

Le rôle du système immunitaire est de défendre l'organisme contre les germes extérieurs susceptibles de l'agresser ou contre ses propres constituants qui, en se modifiant, sont devenus étrangers (lors du vieillissement de la cellule, ou par suite de sa cancérisation). Le dérèglement de ce système provoque l'apparition d'anticorps (auto-anticorps) ou de cellules (lymphocytes cytotoxiques) dirigés contre l'organisme qui les produit, favorisant ainsi le développement d'une maladie auto-immune. Les maladies auto-immunes se caractérisent par la destruction d'un organe (glande thyroïde dans la thyroïdite de Hashimoto) ou la neutralisation d'une fonction (transmission de l'influx nerveux des nerfs aux muscles au cours de la myasthénie).

Il existe des facteurs génétiques prédisposant à l'auto-immunité, car la probabilité d'apparition de certaines maladies est plus importante chez les sujets porteurs d'allèles particuliers du système HLA (Human Leucocyte Antigen [antigène leucocytaire humain]). Ainsi, plusieurs membres d'une famille peuvent développer la même maladie auto-immune. Cependant, une maladie auto-immune n'est pas une maladie génétique à proprement parler, comme l'hémophilie ou comme certaines maladies musculaires. Les facteurs génétiques qui prédisposent le sujet à ces affections ne suffisent pas à l'apparition de la maladie. Des facteurs extérieurs (substances médicamenteuses, micro-organismes infectieux, rayons ultraviolets ou hormones) doivent aussi intervenir dans le développement de l'auto-immunité. »

– Nodule : Lésion cutanée ou muqueuse bien délimitée, de forme approximativement sphérique et palpable.

Les nodules peuvent être soit superficiels, situés dans l'épiderme ou dans le derme (kyste épidermique ou sébacé, fibrome, nodules dus à des maladies générales telles que la lèpre, la sarcoïdose, la syphilis tertiaire), soit profonds, situés dans l'hypoderme (nodules dus à un lipome, à un érythème noueux, à une panniculite, à une vascularite nodulaire).

– Numération sanguine : Examen biologique permettant de comptabiliser les différents éléments figurés du sang (plaquettes, globules rouges, différentes catégories de globules blancs).

La numération formule sanguine (N.F.S.) est l'un des examens biologiques les plus prescrits. En effet, les différentes cellules du sang peuvent être modifiées dans des circonstances très variées. Une anomalie de l'hémogramme est donc un bon moyen de dépister des maladies très diverses. La numération formule sanguine se pratique sur un prélèvement de 5 millilitres de sang dans une veine, au pli du coude. Les résultats sont obtenus en quelques heures.

Les appareils actuels, dont la précision est grande, ne se cantonnent pas au comptage des éléments du sang ; ils sont également capables de mesurer le volume et le contenu en hémoglobine des globules rouges, le volume des plaquettes et de signaler les formes cellulaires anormales. C'est pourquoi la notion d'hémogramme devrait progressivement supplanter celle de numération formule sanguine.

– Placebo : Préparation dépourvue de tout principe actif, utilisée à la place d'un médicament pour son effet psychologique, dit « effet placebo ».
Les placebos revêtent l'apparence d'une préparation médicamenteuse ordinaire : comprimé, pilule, cachet, gélule, potion, etc., et sont en général administrés par voie orale. Ils ne contiennent que des substances dépourvues de toute activité thérapeutique, du sucre, par exemple.
En pratique courante, on ne prescrit pas de placebos, pour des raisons éthiques : ce serait tromper le malade, qui prendrait ainsi un « faux » médicament. Mais, souvent, les vrais médicaments qui contiennent un principe actif doivent au moins un peu de leur efficacité à un effet placebo, dans la mesure où le malade croit en elle.
En revanche, la recherche médicale est souvent amenée à employer les placebos pour tester les nouveaux médicaments. La méthode consiste à administrer le médicament à l'étude à un groupe de malades et un placebo de même apparence à un autre groupe. On sait, en comparant l'évolution des troubles dans les deux groupes, si la

substance étudiée a ou non une efficacité.
Les malades, toujours instruits de la méthode
d'expérimentation et de la nature de
l'expérience, ignorent seulement à quel
groupe ils appartiennent. L'expérimentation
n'est menée qu'avec leur accord.

– Thyrotoxicose : ensemble de symptômes
dus à une hyperthyroïdie (sécrétion
excessive d'hormones thyroïdiennes).
Une thyrotoxicose regroupe plusieurs des
symptômes suivants, dont l'intensité est très
variable d'un sujet à l'autre : un tremblement
des extrémités au repos, des palpitations, une
tachycardie, une sensation de chaleur avec
sudation abondante, un amaigrissement, une
diarrhée qui suit les repas, une nervosité et
une anxiété pouvant entraîner des troubles de
l'humeur, une insomnie, une fonte
musculaire, une augmentation de la soif.

Sources glossaire

Dans
http://www.larousse.fr/dictionnaires/francais/

http://www.larousse.fr/dictionnaires/francais/
adénome/1042?q=adénome#1034

http://www.larousse.fr/dictionnaires/francais/
anémie/3407?q=Anémie#3406

http://www.larousse.fr/dictionnaires/francais/
anévrysme/3446?q=Anévrisme+#3445

https://www.larousse.fr/dictionnaires/francai
s/anticorps/4015#qswLRqoAhzpQ7bwR.99

http://www.larousse.fr/dictionnaires/francais/
antithyroïdien/4324/locution?q=Anticorps#1
29143

http://www.larousse.fr/dictionnaires/francais/
Basedow_maladie/8188?q=Basedow#86369

http://www.larousse.fr/dictionnaires/francais/
Biermer_maladie/9189?q=Biermer#87570

http://www.larousse.fr/dictionnaires/francais/
thyroïde/77986/locution?q=cancer+de+la+th
yroïde+#131377

http://www.larousse.fr/dictionnaires/francais/
endocrinologue/29329?q=Endocrinologue#2
9209

http://www.larousse.fr/dictionnaires/francais/
endocrinologie/29327

http://www.larousse.fr/dictionnaires/francais/
exophtalmie/32178?q=Exophtalmie#32100

http://www.larousse.fr/dictionnaires/francais/
fibromyalgie/187712?q=fibromyalgie#11021
817

http://www.larousse.fr/dictionnaires/francais/
goitre/37428?q=goitre#37377

http://www.larousse.fr/dictionnaires/francais/
thyroïdite/77989/locution?q=Hashimoto+#13
0031

http://www.larousse.fr/encyclopedie/medical
/numération_formule_sanguine/14853

http://www.larousse.fr/encyclopedie/medical
/lymphome/14301

http://www.larousse.fr/encyclopedie/medical/lymphocyte/14295

http://www.larousse.fr/dictionnaires/francais/polyarthrite/62251/locution?q=Polyarthrite+rhumatoïde#130867

http://www.larousse.fr/encyclopedie/medical/auto-immunité/11444

http://www.larousse.fr/encyclopedie/medical/nodule/14829

http://www.larousse.fr/encyclopedie/medical/placebo/15398

http://www.larousse.fr/encyclopedie/divers/iode/62497

http://www.larousse.fr/encyclopedie/medical/hypothyroïdie/13765

http://www.larousse.fr/encyclopedie/medical/hyperthyroïdie/13711

http://www.larousse.fr/encyclopedie/medical/thyrotoxicose/16589

http://www.larousse.fr/encyclopedie/medical/syndrome_du_canal_carpien/11742

http://www.larousse.fr/encyclopedie/medical/thyréostimuline/16580

http://www.larousse.fr/encyclopedie/medical/thyroxine/16590

http://www.larousse.fr/encyclopedie/medical/hormone_thyroïdienne/16587

http://www.larousse.fr/encyclopedie/medical/glande_parathyroïde/15173

http://www.larousse.fr/encyclopedie/medical/thyroïdectomie/16586

-Hashitoxicose : Elaine Moore: Mars, 2006, "Thyroid Disease Triggers

Rajout sources Internet recueil

Système endocrinien :
http://www.larousse.fr/encyclopedie/medical/système_endocrinien/16430

http://www.larousse.fr/encyclopedie/divers/hormonothérapie_/186023

Les médicaments-
https://eurekasante.vidal.fr/medicaments/vidal-famille/medicament-blevot01-LEVOTHYROX.html

https://eurekasante.vidal.fr/medicaments/vidal-famille/medicament-blthyr01-L-THYROXINE-SERB.html

https://eurekasante.vidal.fr/medicaments/vidal-famille/medicament-gp6330-THYROFIX.html

https://eurekasante.vidal.fr/medicaments/vidal-famille/medicament-gp6294-L-THYROXIN-HENNING.html

https://eurekasante.vidal.fr/medicaments/vidal-famille/medicament-beuthy01-EUTHYRAL.html

http://ansm.sante.fr/content/download/110673/1402143/version/4/file/Levothyroxine-Ansm-document-patient20171206.pdf

Les maladies auto-immunes

http://www.neosante.eu/la-maladie-de-basedow-et-la-thyroidite-dhashimoto/

https://mobile.agoravox.fr/actualites/sante/article/les-femmes-principales-victimes-178843 -https://www.topsante.com/maman-et-enfant/enfants/sante-des-enfants/les-maladies-de-la-thyroide-touchent-aussi-les-enfants-611541

http://www.sante.public.lu/fr/maladies/zone-corps/sang/thyroide-maladies/index.html -http://www.thyroid.ca/fr/thyroiditis.php

https://www.msdmanuals.com/fr/professional/troubles-endocriniens-et-métaboliques/troubles-thyroïdiens/thyroïdite-d-hashimoto https://www.healio.com/endocrinology/thyroid/news/print/endocrine-today/%7B7429d42f-c45f-4de2-a312-e9ba9f6cc860%7D/hakaru-hashimoto-1881-1934

Bibliographie

-The Thyroid Gland: A Book for Patients

Hamburger, Joel I. M.D., in collaboration
with Michael M. Kaplan, 7th Edition, 1997,
W. Bloomfield, MI 48322
-Your Thyroid: A Home Reference
Wood, Lawrence C., M.D. Cooper, David S.,
M.D. and Ridgway E. Chester, M.D., 3rd
Edition, 1995, Blantine Books, New York,
ISBN 0-345-41006-8
-Thyroid Disease: The Facts
Bayliss, R.I.S. and Tunbridge, W.M.G.,
M.D., 3rd Edition, 1998, Oxford University
Press, New York, ISBN 0-19-262946-8

Ouvrages médicaux sur la thyroïde

- Enfin le traitement qui sauve, de Caroline
Lepage. Editions du Moment.
- Thyroïde, les solutions naturelles, de
Philippe Veroli. Edition Thierry Souccar
- Les dérèglements de la thyroïde, c'est fini,
d'Isabelle Doumenc. Edition Jouvence.
- Thyroïde, on ne vous a pas tout dit, de
Gabrielle Creme. Edition Alpen Eds
- En finir avec l'hypothyroïdie, de Benoit
Claeys
- Les pathologies de la thyroïde, Dr Jean-
Pierre Willem. Edition du Dauphin

Les associations thyroïdiennes

- L'association française des malades de la thyroïde.
http://www.asso-malades-thyroide.fr/wordpress/index.php/category/accueil/

- Vivre sans thyroïde
https://www.forum-thyroide.net/

-Association France Thyroïde
http://thyroidien.canalblog.com/

-Association des Papillons Libres
https://www.papillons-libres.org/#:~:text=%2C%20Association%20Papillons%20Libres%20France%20%F0%9F%A6%8B,situation%20de%20monopole%20d%C3%A9nomm%C3%A9%20Levothyrox.

Biographie de la plume

Sylvie Grignon

Maman de cinq enfants, Sylvie Grignon a enseigné pendant plus de vingt-sept ans en école élémentaire en zone sensible. Depuis son départ en retraite anticipée, elle s'adonne à ses principales passions, l'écriture, le dessin, la peinture, la marche, le bénévolat auprès d'association comme les *Restos du coeur*, en vivant proche de ses petits-enfants. Elle fut l'auteure *d'Hashimoto, mon amour*, publié aux ateliers de Grandhoux son combat pour la reconnaissance de la maladie d'Hashimoto, suivi de *Maladies thyroïdiennes dévoreuses de vie*, chez Evidence édition. Elle est elle-même atteinte de la maladie d'Hashimoto, mais elle se bat quotidiennement aux côtés de tous les malades atteints d'un dysfonctionnement thyroïdien qui détruit tant de vie.
Elle s'est investie depuis bientôt dix ans dans un combat pour la reconnaissance des maladies thyroïdiennes aux côtés de l'association l'envol du papillon.

Association *l'envol du papillon*
https://www.facebook.com/associationmalad
es/

Bibliographie de la Plume

Hashimoto, mon amour édition les ateliers de Grandhoux n'est plus édité

Les livres de chez Evidence Editions ne sont plus en vente vu que l'édition a fermé. Collection Clair Obscur

Juste une seconde (roman)
https://www.amazon.fr/Juste-une-seconde-Sylvie-GRIGNON-ebook/dp/B0773THGQC

Rouge (roman policier)
https://www.amazon.fr/ROUGE-enqu%C3%AAtes-dAntoine-Sylvie-GRIGNON-ebook/dp/B0C8N1HN2R/ref=sr_1_1?qid=1701785961&refinements=p_27%3ASylvie+GRIGNON&s=digital-text&sr=1-1&text=Sylvie+GRIGNON

#Appelez-moiJohn (thriller)
https://www.amazon.fr/Appelez-moiJohn-Sylvie-GRIGNON-ebook/dp/B0BMB62BR8/ref=sr_1_3?qid=17

01785991&refinements=p_27%3ASylvie+G
RIGNON&s=digital-text&sr=1-
3&text=Sylvie+GRIGNON

Il s'appelait Christophe (Témoignage)
https://www.amazon.fr/sappelait-
CHRISTOPHE-Sylvie-GRIGNON-
ebook/dp/B0C1LV3Z7P/ref=sr_1_4?qid=17
01785991&refinements=p_27%3ASylvie+G
RIGNON&s=digital-text&sr=1-
4&text=Sylvie+GRIGNON

Elle s'appelait Simonne (Recueil sur la DCL)
https://www.amazon.fr/Elle-sappelait-
Simonne-sappelle-DCL-
ebook/dp/B087G1QTBZ/ref=sr_1_8?qid=17
01785991&refinements=p_27%3ASylvie+G
RIGNON&s=digital-text&sr=1-
8&text=Sylvie+GRIGNON

Appelez-moi Camille ? (roman)
https://www.amazon.fr/Appelez-moi-
Camille-Grands-souffles-Grignon-
ebook/dp/B08MBJFS85/ref=sr_1_10?qid=17
01785991&refinements=p_27%3ASylvie+G

RIGNON&s=digital-text&sr=1-
10&text=Sylvie+GRIGNON

L'osidienne noire (polar)
https://www.amazon.fr/Lobsidienne-noire-
Sylvie-Grignon-
ebook/dp/B093Z5G9PP/ref=sr_1_5?qid=170
1785991&refinements=p_27%3ASylvie+GR
IGNON&s=digital-text&sr=1-
5&text=Sylvie+GRIGNON

Immortelle tourmaline (polar)
https://www.amazon.fr/IMMORTELLE-
TOURMALINE-Sylvie-GRIGNON-
ebook/dp/B0BW62FSL1/ref=sr_1_2?qid=17
01785991&refinements=p_27%3ASylvie+G
RIGNON&s=digital-text&sr=1-
2&text=Sylvie+GRIGNON

Et quelques autres ...

L'association l'envol du papillon

Merci à cette association qui parraine ce recueil. L'association est toujours debout malgré les tempêtes, et surtout avec un nombre d'adhérents qui ne cessent de grimper.

Il est important de remercier nos bénévoles qui agissent dans l'ombre et font vivre cette association, notre présidente Sylvie N, notre secrétaire Régis P qui illumine chaque semaine nos coeurs avec de jolies photos, *notre vice-présidence, Sylvie G dit rougepolar* qui partage des articles chaque semaine, notre petite nouvelle Émilie qui partage un peu d'énergie positive, sans oublier Patricia D et bien d'autres ...
L'association *l'envol du papillon* a pris le relais de l'association *Hashimoto mon amour* avec pour mot d'ordre : l**a reconnaissance des maladies thyroïdiennes dans leur ensemble !**
Sa mission est totalement bénévole. Aucune finance n'est demandée. Les adhérents peuvent demander conseil, dans la mesure où la réponse ne nécessite pas l'avis d'un professionnel. Plusieurs médecins ont fait savoir qu'ils soutenaient cette cause. Cette association accepte tous les malades que ce

soit pour un dysfonctionnement thyroïdien simple, une maladie auto-immune, un cancer.

L'esprit de cette association se résume en quelques mots : bienveillance – positivisme – entraide.

Rejoignez-nous !

https://fr-fr.facebook.com/associationmalades/

Printed in Great Britain
by Amazon